JUSTICE ET INTERNET

UNE PHILOSOPHIE DU DROIT

POUR LE MONDE VIRTUEL

BUENOS BOOKS INTERNATIONAL

© Anna MANCINI
Editeur: BUENOS BOOKS INTERNATIONAL, PARIS
www.buenosbooks.fr
E-mail: BuenosBooks@free.fr _ info@buenosbooks.fr

3ème édition 2012 : ISBN: 978-2-36670-020-6

2de édition imprimée 2004: ISBN: 2-915495-10-6
2de édition version électronique: ISBN: 2-915495-09-2

1ère édition 2002, version imprimée,
ISBN: 2-7475-2855-3, L'HARMATTAN, Paris

Version électronique disponible sur notre site et chez la plupart
des vendeurs en ligne.

PRELIMINAIRES

L'Internet, comme le dessin, l'écriture ou le livre peut rendre perceptible le monde des idées si cher à Platon. Sa différence réside seulement en sa puissance et en sa capacité naturelle à libérer la "matérialisation" de la pensée humaine des contraintes du temps, de l'espace et de la "censure".[1] La mentalité moderne y transparaît, de ce fait, dans toute sa dimension. Toutes sortes d'idées, de préoccupations et d'informations circulent sur le réseau. Il ne faut pas s'étonner d'y trouver aussi les zones d'ombres de la psychè humaine et son universelle attraction vers la sexualité. Ces zones d'ombres et l'émergence du commerce électronique constituent aujourd'hui les principaux prétextes, invoqués par les Etats, pour justifier leur intervention juridique. Pourtant, leurs tentatives se heurtent invariablement à la dimension internationale de ce médium, qui défie toute approche juridique classique. En outre, une large majorité des internautes refuse nettement de voir les juristes investir cet espace de liberté. L'Internet s'est développé sans les contraintes du droit, pour devenir ce qu'il est, disent-ils. Pourquoi donc les gouvernements et leurs systèmes juridiques viendraient-ils perturber ce monde, qui jusqu'ici a tiré un si bon parti de sa liberté, et s'est si bien passé de leurs services ? Certains répondent qu'une intervention gouvernementale est désormais devenue souhaitable en raison des abus auxquels donne lieu l'Internet. Il s'agirait de protéger les individus des atteintes à la vie privée, ou encore de protéger les droits des auteurs qui seraient particulièrement menacés par ce nouvel instrument. Faisant preuve de plus d'originalité, un auteur[2] démontre que l'Internet est en train de se transformer pour devenir un espace où le code (informatique) remplace efficacement la loi. Il estime qu'il appartient aux citoyens d'en prendre pleinement conscience et de réagir, en choisissant les valeurs de ce nouvel espace, au lieu de subir des choix qu'ils n'ont pas faits et qui n'ont pas été soumis au processus législatif. Oui, mais quelles valeurs choisir ? Celles de la constitution américaine,[3] vers lesquelles se tourne immanquablement ce professeur américain de Droit constitutionnel ? Celles de la Chine, de l'Inde ou encore de la France ? En posant une telle question, on finit toujours par en revenir au droit positif d'un Etat donné, qui par nature ne trouve pas efficacement à s'appliquer à un réseau mondial tel que l'Internet. L'adaptation d'anciens textes à de nouvelles circonstances ne saurait suffire comme l'observe Monsieur Lawrence LESSIG,[4] il va falloir innover. Monde virtuel et monde tangible ne fonctionnent pas de la même façon et ne peuvent donner lieu à l'émergence de valeurs juridiques analogues. La sagesse la plus élémentaire nous invite donc à oublier notre passé juridique fondamentalement inadapté, pour regarder ce monde virtuel tel qu'il est. Ce n'est pas en adaptant les lois du passé, mais en proposant une philosophie juridique plus adéquate et plus novatrice que les juristes pourrons justifier leur utilité[5] dans le développement de l'Internet. Notre tradition juridique et philosophique n'ayant apporté aucune réponse satisfaisante dans ce contexte, c'est vers des civilisations anciennes, qui avaient une expérience plus approfondie que la nôtre du monde virtuel, que nous proposons de nous tourner. Il peut paraître étonnant, à première vue, de chercher dans des civilisations si anciennes, des "conseils" pour réguler ce "nouveau monde virtuel". Pourtant, il suffit de mentionner que si l'Internet est effectivement un nouveau moyen, le monde virtuel quant à lui n'est pas nouveau. Il a toujours existé. Nous n'avons fait que l'ignorer de manière plus ou moins étendue, parce que, jusqu'au récent développement du commerce électronique, sa valeur économique ne nous apparaissait pas digne d'un tel intérêt juridique. L'Egypte et la Rome antiques n'ont pas eu besoin de l'Internet pour prendre conscience de l'importance du monde virtuel. Elles en ont beaucoup mieux observé que nous les lois de fonctionnement et ne l'ont pas oublié dans la sphère

4

juridique. L'Egypte antique avait tenu compte de l'existence du monde virtuel[6] pour élaborer une conception très originale de la Justice, qui s'adapte comme un gant au monde, lui aussi virtuel, de l'Internet. La Rome antique, avec son pragmatisme bien connu, avait tiré parti de l'interconnexion[7] entre le monde matériel et le monde virtuel, pour structurer son impact juridique sur le monde réel et sur le monde virtuel. En ce qui concerne le très Ancien Droit Romain, Michel VILLEY[8] avait, dès 1979, eu l'intuition que ce droit reviendrait "à la pointe de l'actualité".[9] D'une manière générale, c'est toute la "philosophie juridique" des civilisations "pré-axiales"[10] qui présente une indiscutable utilité pour l'Internet et répond à un grand nombre de questions laissées sans réponses. Nous vous invitons ici à la redécouvrir.

Nous verrons dans un Titre 1er quelles sont les différences fondamentales entre le monde réel et le monde virtuel de l'Internet. Dans un second Titre, nous examinerons comment l'ancien droit Romain avait structuré son impact sur le monde virtuel. Enfin dans le troisième titre, nous chercherons à travers l'ancienne civilisation égyptienne un concept de justice adapté à l'Internet.

6

TITRE 1

DIFFERENCES FONDAMENTALES

ENTRE L'INTERNET

ET LE MONDE TRADITIONNEL

CHAPITRE 1

ANCRAGE TERRESTRE CONTRE MONDE VIRTUEL

Les récentes interventions juridiques dans de nombreux Etats du Globe ont prouvé l'inefficacité de l'application pure et simple à l'Internet des législations positives existantes, même légèrement amendées, pourquoi ? Pour répondre à cette question, il nous a paru essentiel de prendre du recul par rapport à nos droits positifs afin de faire mieux ressortir les traits caractéristiques de ces systèmes et de les confronter au monde virtuel de l'Internet. Ces traits essentiels s'axent:

- d'une part, autour de la notion de territoire, dont le droit positif ne saurait se passer, mais dont l'Internet n'a aucun besoin;
- d'autre part, autour de la distinction fondamentale entre choses et personnes. Le droit positif est davantage centré sur les choses matérielles et sur le concept de propriété qui s'y rattache. L'Internet est au contraire, par excellence le monde de la personne et de ses idées créatrices, par essence immatérielles. Une telle distinction entre choses et personnes existait déjà dans l'ancien droit romain.[11]

Nous verrons dans ce chapitre, comment la terre ou le territoire jouent un rôle fondamental dans notre monde classique[12] et à quel point cette notion de territoire, qui structure toute la pensée juridique positiviste, fait complètement défaut dans le "cyberespace", rendant par là-même inopérante la démarche juridique traditionnelle ? Un monde juridique classique attaché depuis ses origines à la terre ne peut qu'être perplexe et désorienté face à un monde virtuel sans terre et sans frontières.

Section 1: Instinct et territorialité juridique

Le philosophe Jean-Jacques Rousseau, dans son oeuvre: *Discours sur l'Origine de l'Inégalité*[13] a souligné, en ces termes, le lien entre l'organisation politique et la possession de la terre[14]:

"Le premier qui, ayant enclos un terrain, s'avisa de dire: *Ceci est à moi* et trouva des gens assez simples pour le croire, fut le vrai fondateur de la société civile. Que de crimes, de guerres, de meurtres, que de misères et d'horreurs n'eût point épargnés au genre humain celui qui, arrachant les pieux ou comblant le fossé, eût crié à ses semblables: Gardez-vous d'écouter cet imposteur; vous êtes perdus, si vous oubliez que les fruits sont à tous, et que la terre n'est à personne."

S'il est évident que le besoin de s'approprier un territoire constitue le trait le plus caractéristique de toute société humaine, il existe, cependant, aussi en dehors du groupe humain, dans d'autres règnes. Toute forme de vie sur notre globe est tellement dépendante de la terre, souvent désignée sous le terme de terre-mère ou de terre nourricière, que les conflits pour l'appropriation du territoire ne sont pas uniquement l'apanage de l'homme. Les plantes elles-mêmes, comme l'a très bien décrit le botaniste Jean-Marie PELT, luttent de multiples façons pour préserver le territoire dont elles ont besoin pour se développer.[15] Dans le règne animal, il suffit de prendre l'exemple des oiseaux[16] qui partagent avec nous cet "instinct" primordial qui nous rattache à la terre. La terre est apparue d'abord comme un être vivant à de nombreux peuples, objet de vénération, de respect et de culte.[17] Certains peuples aujourd'hui encore la considèrent comme sacrée et en dehors de tout commerce.[18] Dans la Charte de la Terre des peuples autochtones du Canada, nous pouvons lire les phrases suivantes très évocatrices du lien de ces populations avec la terre[19]:

"Les peuples autochtones ont été placés sur notre mère, la Terre, par le Créateur. Nous appartenons à la terre. Nous ne

pouvons être séparés de nos terres et de nos territoires."
"Nos territoires sont des entités vivantes qui s'inscrivent dans une relation vitale permanente entre les êtres humains et la nature."

Et l'Indien Noble Red Man, un sage Lakota s'exprime en ces termes très évocateurs[20] :

"Seul Dieu est notre Père, et la Terre est notre Mère. Nous en avons la preuve car notre peau est de la couleur de Terre-Mère."

C'est ce même genre de respect de la terre mais aussi des esprits censés la posséder et la gouverner que nous retrouvons dans la mentalité des populations Sara du sud du Tchad, dont Jean-Pierre MAGNANT, dans une très intéressante thèse,[21] a étudié l'organisation juridique et politique. L'auteur explique que les populations Sara, dans le sud du Tchad, avaient une conception de la terre et du territoire très différente de celle issue de la mentalité des colonisateurs français.[22] En effet, pour ces populations, la terre appartient aux esprits[23] et le groupe humain qui s'y installe ne peut en jouir qu'après avoir passé un accord avec les esprits des lieux,[24] par l'intermédiaire du prêtre de la terre qui connaît les rituels adéquats[25] et possède aussi, parfois les objets magiques.[26] Le village est donc installé sur des lieux rituellement reçus des dieux et en contrepartie, le groupe humain doit se conformer aux obligations issues de l'accord initial, c'est-à-dire: suivre la coutume et accomplir les rituels nécessaires.[27] Nous comprenons alors aisément, que la terre étant possession des esprits des lieux ne saurait être propriété à part entière des êtres humains.[28] Ceux-ci, pourrions-nous dire, ont seulement un droit de jouissance sur la terre où les esprits les ont acceptés. Dans un tel contexte culturel, il apparaît logique que la terre ne puisse être aliénée puisqu'elle n'est pas la propriété de l'homme. Ce dernier n'a sur elle qu'un pouvoir limité, étroitement dépendant du pouvoir complet des esprits des lieux.[29] D'autre part, seul le lignage qui a passé l'accord initial avec les esprits des lieux a reçu le pouvoir d'exploiter la terre et la possibilité d'en écarter les forces malignes. Par son caractère sacré et octroyé, la terre n'est pas objet de propriété au sens où nous l'entendons en Occident. Elle est seulement donnée en jouissance à un groupe humain et lorsqu'un membre de ce groupe libère la parcelle de terre qui lui a été attribuée au sein du village (par exemple, parce qu'une famille s'éteint), la parcelle revient à la communauté qui la redistribue selon les rites en vigueur.[30] Dans ces sociétés, considérées comme primitives, nous sommes très loin d'une conception individualiste de la propriété. Tout au contraire, on y observe la recherche d'une justice très pragmatique et pleine de bon sens dans l'attribution en jouissance de la terre[31] dont la propriété collective est réalisée par l'intermédiaire des dieux locaux. Le prêtre de la terre n'est-il pas le gardien de l'équilibre naturel ? Il a fallu attendre le 20e siècle pour trouver dans cette société, pourtant agraire, un système de bornage des terres introduit sous l'influence des colonisateurs. Par ailleurs, un système d'entraide communautaire permet à celui qui manque de nourriture parce que sa récolte a été mauvaise d'être aidé par le groupe.[32] Une certaine sagesse imprégnée de religiosité conduit le groupe au respect de la terre et de ses esprits et à sa préservation pour les générations futures. La terre n'appartient pas à un homme déterminé, elle n'est pas seulement un objet matériel. Don des esprits en faveur d'un groupe humain déterminé -composé non seulement des êtres vivants, mais aussi des ancêtres morts et des générations qui ne sont pas encore nées-[33] la terre mérite le plus grand respect. Le prêtre de la terre, au sein du village, est chargé de préserver un équilibre en attribuant, non " à chacun le sien", car, seuls les Dieux ont "chacun le leur", mais à chacun ce qu'il faut pour vivre afin de préserver la paix et l'harmonie du groupe. Lors des déplacements du village, le prêtre s'assure aussi de ne léser personne.[34] Dans cette société comme dans les sociétés occidentales contemporaines, c'est à partir de la conception de la terre que se structure toute la vie "politique" du village. Une société où la terre est sacrée ne peut pas, par définition, être identique à une société où la terre désacralisée est devenue objet du commerce entre les hommes. Cependant, la terre dans l'une ou l'autre de ces sociétés joue un rôle prépondérant dans la structuration même de l'organisation sociale, parce qu'elle est l'objet d'un des besoins fondamentaux de tous les êtres vivants qu'ils soient humains, végétaux ou animaux.

L'instinct qui nous rattache à la terre nourricière est tellement puissant, tellement primordial, qu'il n'est pas étonnant que tous les systèmes juridiques se soient structurés à partir de cette base. La terre joue encore aujourd'hui un rôle majeur dans toutes les branches du droit[35] et très particulièrement dans le droit international. Qu'il s'agisse du droit civil, du droit pénal, du droit commercial, du droit d'auteur ou du droit des contrats, nous pouvons observer avec humour que tout tourne autour de la terre. Les exemples ne manquent pas: la terre, le lieu, le territoire sont des éléments faisant partie intégrante de la structure même de multiples règles juridiques et de l'ensemble du droit positif. Même, la *Théorie pure du droit* de KELSEN, qui a fortement modelé les esprits des juristes actuels, n'échappe pas à cet ancrage dans la terre. Elle est tout entièrement bâtie autour du concept-clef de lieu, d'espace, de temps lié à l'espace, ou de territoire, qui n'a plus cours dans le monde de l'Internet. Après une présentation[36] de la théorie d'Hans KELSEN, nous verrons comment l'absence dans le monde de l'Internet de cet élément -si cher à la psychè humaine et si ancré dans la mémoire collective- laisse le juriste désorienté face à l'univers de l'Internet, où pour la première fois de son histoire, son point de repère le plus ancien, ne lui est plus d'aucune utilité. Comment le juriste positiviste pourrait-il encore justifier l'application à l'Internet de règles et d'une philosophie juridiques axées, bâties et centrées autour d'un critère territorial qui n'existe pas dans cet autre monde ?

13

Section 2: Le territoire, pierre d'angle du positivisme juridique

Les systèmes juridiques actuellement en vigueur, qu'ils appartiennent à la famille des droits romano-germaniques, au système de la Common Law, ou qu'ils fassent partie intégrante de systèmes religieux, se sont tous originellement et progressivement bâtis à partir du besoin de justice qui a poussé l'homme à tenter d'établir une société juste, la plus juste possible. Malgré ces origines, une philosophie juridique affranchie de l'idée de justice et étroitement tributaire de l'écrit a, peu à peu, émergé dans le monde occidental, pour culminer dans la *Théorie pure du droit* d'Hans KELSEN. Cet auteur affirme qu'il se considère comme l'héritier du positiviste juridique du 19e siècle dont il n'aurait fait qu'achever le dessein en purifiant le droit de tous les restes idéologiques.[37] Cependant, l'héritage d'Hans KELSEN nous apparaît beaucoup plus ancien. En effet, si les juristes peuvent aujourd'hui considérer la science du droit comme une science de l'architecture normative, ils ne peuvent le faire que parce que notre monde est l'héritier d'une civilisation de l'écrit. Celle-ci a permis, par strates successives, de bâtir des systèmes juridiques fondés sur une mémoire scripturale qui n'existait pas, avec une telle ampleur, dans les civilisations antiques. Dans ces civilisations antiques, l'innovation juridique était la règle, car les juristes ou les prêtres qui en tenaient lieu ne pouvaient se fonder sur une mémoire scripturale contenant les "recettes toutes faites". La recherche d'une solution juste était pour eux, le seul moyen d'équilibrer la vie sociale. Dans le système de droit continental, au contraire, ce sont notamment, les déclarations des droits de l'homme, les constitutions écrites, puis les codifications intervenues en 1804 pour la France et ultérieurement dans d'autres pays, qui ont constitué l'indispensable substrat à partir duquel a pu se construire une philosophie juridique positiviste affranchie de la justice, toute tournée vers l'étude des normes et qu'Hans KELSEN a pu systématiser jusqu'à l'extrême dans son ouvrage la *Théorie pure du droit*. Pour mieux comprendre cette théorie, il convient de la replacer dans l'époque qui l'a vu naître. La première version allemande de la *Théorie pure du droit* est parue en 1934 au lendemain de la première guerre mondiale, tandis que la version française a dû attendre la fin de la seconde guerre mondiale pour voir le jour.[38] Nous pourrions par là, comprendre l'attitude de KELSEN qui face à cette montée de haine et de violence aurait perdu tout optimisme et surtout aurait voulu, pour le bien de l'humanité (par exemple) débarrasser le droit de toute idéologie, puisque ce sont bien des idéologies qui semblent mener l'homme à la guerre. Pourtant, il ne s'agit pas de cela, KELSEN va beaucoup plus loin. Il nous propose une *Théorie pure du droit* qui débarrasse le système juridique de toute idéologie[39] de tout courant politique,[40] de toute morale[41] et de tout idéal de justice.[42] Il en fait un objet neutre,[43] un moyen, une technique qui finalement, si nous allons jusqu'au bout de la logique de l'auteur, pourra être utilisé à sa guise par toute sorte de pouvoir.[44] Nous ne voyons pas quelle est l'utilité et surtout la logique de débarrasser le système juridique de toute idéologie, pour finalement en faire un instrument aveugle au service de n'importe quelle idéologie ? Tout ce que nous pouvons en déduire c'est que les deux guerres qu'a traversées KELSEN l'ont probablement laissé désabusé, qu'ayant perdu tout idéal il a envisagé le système juridique comme un système pur de tout sentiment humain, c'est-à-dire abstrait, neutre objectif et logique. KELSEN dit qu'il (c'est-à-dire la *Théorie pure du droit*) était simplement à la recherche de la Vérité.[45] La *Théorie pure du droit* a connu un succès considérable parce qu'elle a su donner au système juridique, en le présentant comme "la science du droit", le sérieux alors reconnu aux sciences de la nature, lesquelles, débarrassées des idéologies qui les entravaient, avaient amplement fait leurs preuves, en permettant des progrès techniques considérables. Le droit étant une science, le juriste tout comme le scientifique ne sauraient être tenus pour responsables de l'utilisation des moyens qu'ils ont élaborés: tous deux avancent vers le progrès, et ceci, en toute indépendance par rapport aux idéologies. Ce qui justifie au plus haut point que le système juridique se débarrasse d'une idéologie aussi forte que celle

15

impliquée par l'idée de justice et KELSEN critique en ces termes les juristes qui s'intéressent (encore !) à la justice:

"... les juristes... ne renoncent pas volontiers à croire et à faire croire que leur science permet de trouver la "juste" solution des conflits d'intérêts au sein de la société."[46]

et affirme, ainsi qu'il suit quel est à son sens, le véritable rôle du juriste:

"Le juriste au contraire a pour tâche de connaître le droit, de le décrire à l'aide de règles de droit".[47]

Selon l'auteur, le juriste ne doit s'occuper que des normes juridiques, toute idée de justice ou de morale doit être étrangère à sa tâche. Cela est aussi valable pour le magistrat qui n'est pas autorisé à se questionner sur la justice ou le bien fondé de l'application d'une norme, il écrit notamment:

"Le juriste décrivant le droit doit l'accepter comme la norme juridique applicable au cas concret. Toute opinion différente est sans importance juridique."[48] "Ayant un sens purement subjectif les vrais jugements de valeur sont en dehors du domaine scientifique, car l'objectivité est un élément essentiel de toute science. En conséquence la science du droit ne peut pas déclarer que tel ordre ou telle norme juridique est juste ou injuste, car pareil jugement se fonde soit sur une morale positive, c'est-à-dire sur un ordre normatif différent et indépendant du droit positif, soit sur un véritable jugement de valeur à caractère subjectif."[49]

Il s'ensuit donc que pour KELSEN, et pour le positivisme juridique actuel, il n'y a pas de place pour la justice dans la science du droit. La justice étant un sentiment humain, de surcroît entaché d'idéologies de tous genres: politiques, morales ou religieuses, il lui apparaît primordial de l'exclure totalement de la sphère de la science juridique. Cette dernière doit impérativement présenter les caractéristiques de toute science. Elle doit à cet effet être objective et logique et obéir à des lois scientifiques qui prendront dans son système le nom de "règles juridiques".[50] Hans KELSEN va alors imiter les scientifiques pour donner à la science du droit toute l'apparence de rationalité et d'objectivité qui a fait leur succès. Pour tenter, dans la mesure du possible, de faire du droit une science aussi objective et logique que les sciences de la nature, il remplacera le principe de causalité si cher aux sciences par un principe d'imputation, qui donnera à son système toute l'apparence logique et scientifique désirable.[51] Par ailleurs, la science du droit, tout comme les sciences de la nature sera objective, car elle s'appliquera uniquement à l'étude d'objets extérieurs sur lesquels pourra s'opérer une investigation totalement rationnelle. Les normes, seront pour la science juridique, les objets du monde extérieur (à l'être humain) sur lesquels cette science pourra se construire efficacement, tandis que le juste ou l'injuste n'étant pas des notions objectives et extérieures à l'être humain, ne pourront, en aucune manière, faire partie de la science juridique.[52]

La science du droit, ainsi purifiée de toute idéologie relative à la justice, à la morale, ou à la politique, ne contient plus que des normes qui s'inscrivent dans une logique hiérarchique nationale ou internationale, de laquelle émanent les règles de fonctionnement pyramidal des systèmes juridiques. Normes, ou règles juridiques sont toutes, sans exception, tributaires de l'existence du critère de territorialité, lequel, pour cette raison, forme le pivot central de tout l'édifice théorique de KELSEN. Contrairement à ce qui se passe dans les systèmes juridiques fondés sur la recherche de solutions justes; la notion d'espace, de lieu, ou de territoire joue un rôle majeur dans la pensée de KELSEN, si bien que reviennent comme des leitmotiv les formules "dans l'espace et dans le temps"[53] ou encore "dans un lieu donné". Il écrit, par exemple:
"Le droit et la morale sont des ordres positifs si et dans la mesure où leurs normes ont été "posées" ou créées par des actes accomplis dans l'espace et dans le temps..."[54]

Pour Hans KELSEN il ne saurait exister de norme efficace sans lien avec la terre, dans la mesure où:

"Chaque norme doit déterminer dans quel lieu et à quel moment la conduite prescrite par elle doit se réaliser, de telle sorte que sa validité a un caractère à la fois spatial et temporel. Quand une norme est valable seulement pour un lieu et un temps déterminés, elle ne s'applique qu'à des faits se déroulant dans ce temps et dans ce lieu. Sa validité spatiale et temporelle est limitée. En revanche quand une norme est valable toujours et partout, elle s'applique à des faits, quels que soient le lieu et le temps où il se produisent. Sa validité est illimitée, mais cela ne signifie pas qu'elle soit indépendante de l'espace et du temps, car les faits auxquels la norme s'applique se déroulent toujours dans un lieu et un temps déterminés."[55]

C'est avec le chapitre final de l'oeuvre d'Hans KELSEN consacré au droit international que nous prenons toute la mesure de l'importance du critère d'espace ou de territorialité pour la théorie positiviste du droit. En effet, pour Hans KELSEN, l'Etat c'est le droit, c'est donc un système de normes[56] dont la validité dans un territoire[57] donné est le seul critère de son existence,[58] un système juridique ne saurait, par conséquent, pour le positivisme juridique, exister et être internationalement reconnu, sans s'appliquer à un territoire déterminé et bien délimité, et à travers ce territoire aux personnes qui y résident.[59] Pour l'auteur, "l'Etat est un ordre juridique"[60] et il n'est rien d'autre que la personnification d'un ordre juridique qui s'applique à un territoire donné. Ce qui a pour conséquence, qu'en droit international, un Etat ne sera reconnu comme tel que si l'ordre juridique qu'il personnifie est efficace sur un territoire donné.[61] Peu importe la façon dont cet Etat s'est constitué, ce qui compte c'est l'efficacité du système juridique sur un territoire donné, c'est-à-dire l'efficacité de la contrainte sociale organisée sur un territoire donné. Par une démonstration logique parfois surprenante, KELSEN enlève à l'Etat toute souveraineté,[62] il estime que la notion de souveraineté n'est que le fruit des idéologies et notamment d'une idéologie primitive et n'a rien à faire dans une science juridique pure.[63] KELSEN estime qu'une évolution du droit international amènera ce droit à évoluer vers une plus grande centralisation,[64] ce qui le rendra moins primitif, mais que de toute façon, en l'état actuel des choses et en dépit des conceptions traditionnelles du droit international il convient de dépasser le concept de souveraineté des Etats,[65] pour retenir uniquement le concept d'efficacité territoriale de l'Etat envisagé comme un système de normes hiérarchiquement organisées. KELSEN démontre que quel que soit le point de vue ou le système de référence (on part de l'Etat, ou on part du droit international), il ne saurait exister de souveraineté des Etats.[66] Par ailleurs la logique kelsénienne est très simple: en effet, il suffit de comprendre que si l'Etat est un système de normes efficaces sur un territoire donné, un système de normes ne saurait avoir une quelconque souveraineté et le trait essentiel d'un système de normes, ou d'un Etat (ce qui pour KELSEN est identique) est de s'appliquer efficacement dans l'espace et dans le temps.[67]

Il apparaît donc très clairement et sans aucune ambiguïté possible, que l'approche positiviste du droit ne saurait, en aucune manière, se passer du critère territorial. Et si nous avons présenté la théorie d'Hans KELSEN, qui est depuis un certain temps déjà combattue par l'émergence de nouveaux "horizons du droit",[68] c'est surtout parce qu'elle illustre de manière presque caricaturale la dépendance territoriale de tous les systèmes juridiques existants. Il suffit d'ôter le concept de territoire pour qu'il ne reste plus rien de la *Théorie pure du droit* et c'est la raison essentielle qui conduit aujourd'hui à ce que les internationalistes ont appelé la "crise du principe de territorialité" dans le droit international.

Section 3: L'amorce d'une "crise du territoire" dans le Droit International contemporain

Contrairement à Hans KELSEN, la plupart des auteurs de droit international reconnaissent à l'Etat une souveraineté.[69] Monsieur Maurice FLORY, par exemple, estime que:

"...la souveraineté de l'Etat est nécessairement limitée par celle des autres, ce qui impose l'égalité dans la souveraineté".[70]

Cependant, le courant dominant en droit international rejoint la conception de KELSEN quant au lien nécessaire entre l'Etat et le territoire. Il est, en effet, unanimement admis que l'Etat ne saurait se passer du concept de territoire. A titre d'exemples, nous pouvons citer Monsieur Marcel MERLE qui écrit:

"Sans territoire, un peuple peut revendiquer son identité, une autorité peut tenter d'imposer son pouvoir; aussi longtemps que ces deux éléments ne concordent pas avec le troisième (l'implantation territoriale), il ne peut y avoir ni naissance ni reconnaissance du fait étatique et des prérogatives qui sont attribuées par le droit international à cette entité singulière."[71]

ou Monsieur Maurice FLORY qui parle du couple Etat-territoire[72] et souligne la nécessaire imbrication des concepts d'Etat et de territoire.[73] Confrontés au problème de "l'international sans territoire", un certain nombre d'auteurs nie l'existence d'une réelle crise du territoire.[74] Parmi eux, Monsieur MERLE ne peut se résigner à la disparition de ce critère juridique fondamental.[75]

A partir du cas des entreprises multinationales, souvent citées à titre d'exemple, pour illustrer l'amorce d'une crise du territoire en droit international; il a été démontré qu'au contraire, les multinationales, loin de rendre inutile le concept de territorialité, en tirent même un profit, en adoptant une stratégie liée à l'existence des frontières et des différentiels étatiques.[76] Selon de nombreux internationalistes, il n'existerait donc pas de crise réelle du territoire, mais seulement un changement de perspective dû à une croissance des échanges internationaux. Ce changement de perspective rend plus difficile le contrôle des flux par les Etats, mais ne les empêche pas de garder intacte leur souveraineté sur leur territoire respectif. Toutefois, les auteurs reconnaissent qu'il est plus important, aujourd'hui, qu'hier, pour les Etats d'élargir leur coopération internationale, pour une gestion plus efficace de leurs territoires respectifs.[77] Pour une bonne partie des auteurs, il n'y aurait donc pas de crise du territoire, et l'Etat (et donc son droit) ne serait pas en crise. Cette opinion n'est pas partagée par des auteurs qui estiment que le droit international, fondé sur le découpage territorial est en crise.[78] En effet, il est aisé d'observer les deux points qui suivent:

1°) il n'y a effectivement pas de crise de territoire tant que l'observation se base sur des opérations matérielles, localisables à un moment ou à un autre dans le temps ou dans l'espace.
2°) au contraire, dès que les activités humaines deviennent à la fois immatérielles et mondiales, il n'est même plus possible de parler de "crise du territoire". Le territoire dans ce cas n'existe plus, tout simplement. C'est le cas, notamment, pour le marché financier, à propos duquel, dans un très intéressant article, Wladimir ANDREFF [79] démontre à quel point les Etats ont aujourd'hui perdu leur souveraineté en ce qui concerne la circulation monétaire, sur leur propre territoire. Selon l'auteur, il n'y aurait plus de territoire en matière financière: et il ne voit pas, pour le moment comment il serait possible de réguler ce domaine des activités humaines.[80] Si dans le domaine financier, le critère territorial a, peu à peu, au cours de l'histoire, perdu de son efficacité, il n'en n'est pas de même dans l'Internet où il n'a jamais existé. Malgré l'inexistence de ce critère fondamental de tous les systèmes juridiques positivistes existants, les juristes et les gouvernements de nombreux Etats, tentent encore d'appliquer au réseau, des règles et des attitudes, conçues pour fonctionner dans un monde de territoires, dont l'Internet n'a que faire.

Section 4: La crise totale du principe de territorialité dans l'Internet

§ 1: L'Internet, la libération des contraintes de l'espace

Si, à la fin des années 1990, les économistes parlaient déjà de la cyberéconomie, ils se référaient davantage à l'économie de l'information en général.[81] Celle-ci incluait aussi bien les transactions monétaires (devenues mondiales et immatérielles) que la télévision, la radio ou la téléphonie.[82] Il était déjà vrai que des médias tels que les télévisions par satellite rendaient inopérant le principe de territorialité.[83] Comment, en effet, un Etat pourrait-il imposer une norme quelle qu'elle soit, à une chaîne de télévision établie sur un territoire étranger, mais qui, par le relais d'un satellite diffuserait ses programmes sur son propre territoire[84]? Avec l'Internet le caractère inopérant des enclaves territoriales s'élargit encore plus. Il s'étend non plus seulement à des entreprises mondiales disposant de moyens techniques sophistiqués[85]; mais aussi au simple particulier, qui, par le réseau Internet accède à la possibilité de devenir plus qu'un récepteur-consommateur passif d'informations. Il devient lui-aussi un émetteur-créateur d'informations. Le particulier, lui aussi, malgré sa puissance dérisoire eu égard aux acteurs traditionnels de la scène internationale (Etats, ONG, entreprises multinationales et banques multinationales....) peut désormais émettre des informations à un niveau mondial, et est devenu un acteur de la scène internationale. L'Internet, en diminuant les coûts de communication et en abaissant de façon considérable le temps nécessaire pour toucher un grand nombre d'individus mondialement éparpillés, permet à tout un chacun de diffuser des informations à travers le monde et d'échapper aux contraintes nationales liées au territoire de résidence. Par le moyen du réseau Internet, les personnes ne sont plus dans une large mesure enfermées sur un territoire. Certains pourraient objecter qu'elles n'étaient pas moins libres avant l'Internet et qu'il leur suffisait de sortir. Ceci est vrai, mais avec l'Internet, une personne non seulement n'a pas besoin de quitter physiquement son "territoire" pour échapper à certaines limites et contraintes étatiques dont elle voudrait s'émanciper; mais elle a en plus virtuellement et simultanément accès à tous les autres "territoires" de la planète qui diffusent des informations sur l'Internet. Cela lui permet de voir ce qui se passe ailleurs, d'avoir accès à des informations censurées dans son propre Etat, de comparer et de faire des choix qui sont impensables dans un état de "captivité territoriale".

§ 2: la déroute face à l'absence du critère territorial

L'Internet déroute les Etats et les opérateurs économiques qui tentent de continuer d'agir dans le réseau comme ils le faisaient dans le monde matériel. En "oubliant" totalement la dimension immatérielle du réseau Internet qui fait que ce cyberespace obéit à des lois très différentes de celles de la matière, ils accumulent des échecs retentissants[86] et font des juristes qui les conseillent des *persona non grata* dans le cyberespace. Il est fondamental, de bien comprendre comment fonctionne l'Internet et de percevoir l'originalité de son caractère immatériel par comparaison avec le monde matériel, pour rendre plus efficace les interventions gouvernementales.[87]

Dans le chapitre qui suit, nous mettrons en évidence l'opposition fondamentale entre le monde traditionnel et le monde virtuel de l'Internet fondée sur la distinction entre les sources de richesse matérielle et immatérielle. Le monde juridique traditionnel est principalement axé sur la richesse matérielle et le concept de propriété qui s'y rattache, alors que dans l'Internet, c'est la créativité des personnes, par essence immatérielle qui tient la première place.

CHAPITRE 2

RICHESSE MATÉRIELLE CONTRE RICHESSE PERSONNELLE

Les droits positifs s'étant structurés à partir du territoire il en découle toute l'importance accordée par les systèmes juridiques traditionnels à la richesse matérielle et au concept de droit subjectif de propriété.[88] Un professeur de droit Danois, avait critiqué en ces termes notre trop grand attrait pour la matière:

"Les idées des économistes et des penseurs juridiques tout comme celles des personnes qui s'intéressent aux conflits sociaux tournent toutes et seulement autour des biens tangibles extérieurs, les valeurs économiques."[89]

Dès 1929, bien avant l'arrivée de l'Internet il avait prévu, qu'un glissement économique s'opérerait au profit de la richesse immatérielle, et il avait écrit:

"... des biens, qui sont à peine sur le point de venir à l'existence, qui sont à leur toute première phase de développement, mais qui me paraissent être ceux que les hommes du futur considéreront comme ayant la plus grande valeur."[90]

Selon l'auteur, une explosion de richesse économique devrait découler de l'immatérielle créativité humaine. Il écrivait déjà à cette époque au sujet des droits liés à la créativité personnelle[91]:

"D'une manière générale, il y a un siècle à peine, tous ces droits avaient peu d'importance en pratique. Mais à l'époque moderne, non seulement le long travail législatif dans ce domaine qui a été progressivement réalisé dans de nombreux pays, mais aussi les archives des tribunaux témoignent de l'importance cruciale que ces droits ont acquis dans les affaires concrètes."[92]

Malgré tout, trop imprégné par une tradition millénaire qui accorde la première place au droit de propriété, il avait proposé d'élargir le concept de propriété normalement destiné à porter sur des objets tangibles pour pouvoir l'appliquer à toutes les richesses immatérielles issues de la créativité humaine.[93] Malgré son analyse visionnaire de l'évolution économique, il n'a pas réussi à se soustraire à l'influence d'un monde traditionnellement matérialiste. Il s'est cantonné au droit de propriété sans chercher à explorer la catégorie des droits subjectifs personnels.[94] Or, comme nous le verrons ultérieurement le droit personnel est techniquement beaucoup plus apte à stimuler cette richesse immatérielle que le droit de propriété, conçu pour fonctionner dans le monde de la matière.

Section 1: Un monde traditionnellement matérialiste

§ 1: la matière comme essentielle valeur économique

Les systèmes de droit continentaux doivent beaucoup au Droit Romain tardif, lequel s'étant développé dans le contexte d'une économie essentiellement agricole, accordait une importance primordiale aux choses nécessaires à l'exploitation agricole.[95] Il suffit d'ouvrir, par exemple, le Code Civil français[96] pour constater d'emblée que la place laissée à la personne est beaucoup moins importante que celle consacrée aux biens et au droit de propriété. Même si le droit des contrats fait partie du livre troisième, l'essentiel du Code est davantage axé sur la richesse matérielle que sur la richesse créée par la "personnalité". Sur les trois livres qui forment le Code Civil, le premier intitulé "Des personnes" comprend 508 articles tandis que le livre deuxième intitulé: "Des biens et des différentes modifications de la propriété" et le livre troisième intitulé"

Des différentes manières dont on acquiert la propriété" totalisent à eux deux 1768 articles et forment donc l'essentiel du Code Civil français.[97] C'est dire combien ce Code Civil a été l'héritage d'une économie essentiellement rurale où la source principale de richesse était constituée par la terre, bien immobilier par essence et par tout ce qui était nécessaire à la faire fructifier. Il n'est donc pas étonnant que, dans ce contexte, l'immeuble soit demeuré le roi des biens[98] et le droit réel de propriété: le roi des droits. Le droit personnel, est quant à lui, demeuré un grand incompris qu'il serait temps d'analyser efficacement si nous voulons comprendre la logique juridique qui serait propre à l'Internet. En effet, la créativité intellectuelle et l'aptitude communicationnelle que l'Internet implique placent la personne et le monde immatériel au coeur du système juridique. Et ceci s'oppose, fondamentalement, au monde juridique traditionnel au centre duquel règnent sans partage la propriété foncière et la richesse matérielle au détriment de la richesse tirée du développement du cerveau humain et de la personnalité.

§ 2: L'immeuble: le roi des biens traditionnels

Dans un monde économique fondé aux origines sur l'agriculture, l'immeuble représente le bien le plus recherché et par conséquent le plus réglementé et protégé par le droit. Ceci est tellement important que nous verrons comment la notion d'immeuble a tourné "à l'obsession" dans les systèmes juridiques. Nous verrons tout spécialement l'exemple du droit français qui est tout à fait significatif d'une telle obsession de la richesse immobilière. En effet, il porte l'immeuble au rang du roi des biens et va même, au cours de son histoire, jusqu'à assimiler fictivement les meubles à des immeubles, afin de mieux les protéger juridiquement.

Dans le livre II traitant "Des biens et des différentes modifications de la propriété", le Code Civil français distingue entre les biens meubles et les biens immeubles et énonce dans son article 516: "Tous les biens sont meubles ou immeubles". L'observation de la réalité matérielle rend évidente la distinction entre meuble et immeuble[99] pour le commun des mortels: les meubles peuvent être bougés, mais on ne peut mouvoir les immeubles. Pourtant cette observation ne correspond pas à ce qu'énonce le Code Civil. Ce dernier, en effet, ne se contente pas de distinguer entre les choses meubles et immeubles, mais opère un savant mélange de fiction et de réalité en traitant dans cette même partie, non seulement la distinction des choses meubles et immeubles, mais aussi la distinction des droits, lesquels par l'artifice de la fiction juridique vont être considérés tantôt comme des meubles, tantôt comme des immeubles. En outre, le législateur n'hésite pas à déclarer immeubles, par détermination de la loi, des choses qui dans la réalité concrète, sont des meubles ou même des animaux. Les pigeons et les lapins deviennent ainsi des immeubles par destination de la loi dans l'article 524 du Code Civil français. Les biens entre lesquels distingue le Code Civil se sont détachés de la simple réalité concrète pour englober non seulement les choses meubles ou immeubles mais une gamme beaucoup plus étendue de "choses" corporelles meubles ou immeubles ou incorporelles meubles ou immeubles tels les différents droits subjectifs.

La lecture des articles 516 à 536 du Code Civil français fait ressortir nettement que la distinction naturelle entre choses fixes (donc immeubles) et choses qu'on peut mouvoir (donc meubles) ne coïncide plus, pour une grande partie avec la réalité. En effet, la loi considère comme immeubles de nombreux biens meubles, pour des motifs économiques (cela correspond le plus souvent à l'exploitation rurale). Elle considère aussi comme immeubles des droits, or la notion de droit correspond par nature à un bien mobilier incorporel,[100] à une fiction[101] créée de toutes pièces au cours du développement des systèmes juridiques, la notion de "droit" n'existant pas à l'origine dans le très Ancien Droit Romain.[102] L'utilisation de ces fictions successives converge vers la primauté accordée à l'immeuble et à sa protection. A la fiction juridique de la distinction des biens meubles et des biens immeubles, nous pouvons dire que correspond la réalité concrète de la distinction entre choses qui sont réputées avoir de la valeur (immeubles) et qu'on va s'attacher à mieux protéger et choses qui sont considérées comme n'ayant pas de grande valeur (meubles) pour lesquelles la protection juridique sera moins complète, moins importante. D'ailleurs, l'adage de l'ancien droit français était plus clair, plus franc et plus concret lorsqu'il affirmait simplement *res movilis, res vilis*.[103] S'il est vrai que dans une économie essentiellement terrienne et agricole, les immeubles, en tant que biens de production principaux méritent toute l'attention du législateur, il n'en va plus de même lorsque cette économie tend à se détacher de la terre puis à s'ouvrir sur le commerce, l'industrie, les services et aujourd'hui la création de richesses immatérielles (oeuvres d'art, programmes d'ordinateurs, inventions) dont la valeur peut être de très loin supérieure à celle des biens immobiliers classiques. Existant déjà dans l'Ancien Droit Romain, dans sa forme simple et concrète, la distinction entre meuble et immeuble qu'on trouve aujourd'hui dans le Code Civil français, comme l'estime Michel VILLEY, "s'est compliquée à l'infini; elle n'est pas très heureuse".[104] Elle ne correspond plus du tout à la réalité économique actuelle. Cette complexité qui traduit un détachement progressif de la réalité concrète au profit des fictions juridiques, a entraîné à son tour une certaine confusion au plan de la distinction entre droit réel et droit personnel, le premier étant préféré au second. En effet, dans une économie essentiellement matérielle les choses tangibles sont censées produire plus de richesse économique que les idées issues de la personnalité. En conséquence, dans un tel contexte, il apparaît logique que le droit réel soit davantage convoité que le droit personnel, dont on n'a jamais compris la véritable dynamique.[105]

§ 3: <u>Le droit réel, traditionnellement préféré au droit personnel</u>

Le monde n'a pas attendu l'Internet pour s'apercevoir de l'importance économique croissante des biens informationnels au titre desquels il faut classer non seulement les oeuvres littéraires et artistiques, mais aussi les inventions de tout genre et parmi elles, les logiciels, qui ont ces dernières années suscité des débats très animés quant à leur mode de protection et à leur définition. Il a été convenu de baptiser tous ces biens: bien informationnels et de les protéger, bien, que cela puisse paraître assez illogique et absurde, par des droits de propriété. Il s'agit en l'occurrence de la création de ce que les théoriciens du droit ont appelé un nouveau type de propriété à savoir "la propriété intellectuelle". Parmi ces droits de propriété intellectuelle, nous trouvons classiquement le droit de propriété littéraire et artistique et le droit des brevets d'invention. Malgré l'analyse plus objective d'économistes qui se sont intéressés à l'Internet et ont constaté de manière très pragmatique,[106] que les droits intellectuels ne sont pas des droits de propriété, il est très difficile de faire prendre conscience aux juristes positivistes, limités par la magie des lois écrites,[107] que ces droits sont en réalité, des droits personnels et non des droits de propriété comme l'affirme le Code de la Propriété Intellectuelle.[108] En effet, si un texte positif, énonce, par exemple, que le droit de propriété littéraire et artistique est la plus sacrée et la plus inviolable des propriétés, comment se pourrait-il, pour "un technicien du droit" (non autorisé à regarder autre chose que les normes), qu'il ne s'agisse pas de droits de propriété ? Dans la mesure où le juriste positiviste se doit d'appliquer les règles juridiques existantes, il ne peut remettre en question l'existence du droit de propriété intellectuelle. C'est précisément cette logique de la démarche juridique qui échappe aux économistes que nous avons cités, et qui, eux vivent dans le monde économique réel et non dans le monde juridique abstrait. De plus, cette appellation erronée est en vigueur dans les textes internationaux[109] et personne dans le milieu juridique, ne souligne la nécessité actuelle de bien reprendre conscience de la nature personnelle de ces droits. Faute, d'une telle reconnaissance, il sera impossible aux juristes d'avoir un impact positif sur l'organisation du réseau Internet, qui par nature contribue à une expansion, sans précédent, de la sphère de ces droits personnels, qualifiés à tort de droits de propriété. L'Internet, par opposition au monde traditionnel, qui est, par excellence, le monde de la matière et des droits de propriété, est lui le monde de la personne et des droits personnels. Il nécessite, de ce fait, une approche beaucoup plus réaliste et moins idéologique de la sphère des droits personnels.

Section 2: La personne au coeur de la problématique juridique de l'Internet

§ 1: l'Etre comme moteur de l'économie de l'Internet

Grâce à l'Internet, l'être devient une source grandissante de richesse économique et à travers cette richesse, attire l'attention et tend à redevenir aussi digne d'intérêt que la matière. Ce phénomène, devrait normalement contribuer à rééquilibrer nos sociétés décidément trop matérialistes et les amener, peut-être, à mieux comprendre les civilisations anciennes qui nous ont précédés et semblaient bien plus attirées par le développement de l'être que par le développement des richesses matérielles. Dans ces sociétés, que nous considérons souvent comme primitives, le monde virtuel existait déjà.

A: Qu'est-ce qu'un monde virtuel ?
De nombreuses personnes imaginent que le monde virtuel de l'Internet est un nouveau monde et qu'un monde semblable n'a jamais existé. En réalité, si nous regardons les choses de plus près, nous nous apercevons très vite que ce monde virtuel existe depuis toujours, qu'il était bien connu des civilisations anciennes telles que Rome,[110] la Grèce, ou l'ancienne Egypte. L'Internet ne fait rien d'autre que rendre perceptible à travers des machines le monde imperceptible de la pensée humaine, en en accroissant ainsi les retombées dans le monde matériel. C'est à travers la parole que fut pour la première fois manifesté le monde virtuel de la pensée humaine, puis sont venus le dessin, les hiéroglyphes les diverses formes d'écritures. L'imprimerie, puis les supports audio-visuels et à présent l'Internet ont permis d'augmenter la vitesse de la circulation des idées et

31

suscité le développement des personnes. Par rapport au livre qui est matériel, l'Internet a rendu au monde de la pensée humaine toute sa virtualité et avec elle toutes les lois qui s'attachent au monde virtuel, à savoir: transformation facile, ubiquité, multiplication à l'infini pour un coût zéro, abondance, absence de limites. l'Internet, en libérant la créativité et la pensée humaine de leurs supports matériels traditionnels, démultiplie les possibilités d'échanges interpersonnels, qu'ils soient de pure créativité ou qu'ils constituent des services traditionnels. A travers le réseau Internet, la personne peut manifester son intelligence créatrice, sa personnalité, ses goûts, d'une façon qui n'a jamais été aussi libre qu'aujourd'hui. De nombreuses entraves ont disparu pour laisser place à une liberté inédite. La personne peut communiquer avec d'autres personnes en temps réel ou en différé, dans un même lieu géographique ou d'un bout à l'autre de la planète. Ici, sur le réseau il n'y a plus de contrainte liée au corps physique et à sa situation dans l'espace et dans le temps. Les liens que les personnes créent à travers ce media deviennent plus que jamais des obligations au sens du droit romain archaïque du terme: c'est-à-dire des liens (par nature invisibles) entre les personnes, qu'ils soient ou non juridiques.[111] Les liens entre les personnes, par nature immatériels sont appelés à une multiplication sans précédent, à l'échelle planétaire et souvent sans rapport avec des biens matériels. Nous pouvons dès lors nous demander comment des systèmes juridiques (et des esprits juridiques) conçus pour oeuvrer dans un monde essentiellement matériel, seront à même de faire face à cette véritable explosion de la sphère des droits personnels. Des droits traditionnels affectés à la personnalité (protection de la vie privée, etc...) aux droits de la créativité (qualifiés à tort de droits réels de propriété) tous les aspects de la personne sont concernés. Il suffit de visiter quelques groupes de discussion consacrés au droit pour constater combien le nombre de personnes concernées par exemple, par le droit de la propriété littéraire et artistique s'est démultiplié. Ce droit qui ne concernait qu'un cercle restreint, intéresse aujourd'hui tout internaute. Il doit nécessairement en connaître les rudiments, en raison de la facilité accrue, d'être auteur sur l'Internet, ou de porter atteinte aux droits personnels des autres auteurs. Par ailleurs, les opérateurs économiques du secteur de la communication audio-visuelle se sont multipliés avec le développement du marché de l'audio-visuel. Ce marché de la communication est en plein essor et il est considéré comme le marché actuel le plus lucratif au point que certaines entreprises ont réorienté leurs investissements autrefois dirigés vers l'industrie lourde, vers ce secteur directement lié à la personne et très prometteur au niveau de l'économie mondiale.[112] C'est à l'esprit humain[113] et non au corps humain qu'est destinée cette phénoménale production et circulation de données. Toute une économie de la richesse immatérielle se met en place. Parce qu'elle est immatérielle, elle tire sa richesse de la personnalité et est concernée par la catégorie des droits personnels. Celle-ci est appelée à devenir de plus en plus importante en corrélation avec l'accroisse-ment des richesses qu'elle suscite.

B: Le développement de la sphère des droits personnels

A la fin du vingtième siècle, nous sommes entrés dans ce que les économistes ont appelé la "société de l'information". Ce qui caractérise cette nouvelle forme de société c'est un saut décisif de la valeur marchande de l'immatériel par rapport au matériel et un accroissement sans précédent dans l'histoire humaine du commerce des biens immatériels.[114] Il suffit d'observer que: "Le volume des opérations de change est ainsi cinquante fois plus important que celui du commerce mondial de biens et services",[115] pour s'apercevoir que la dynamique de cette société de l'immatériel est sans commune mesure avec les sociétés anciennes marquées par la pénurie, et essentiellement agricoles qui ont donné naissance à nos systèmes juridiques et à nos organisations sociales et ont si fortement modelé nos mentalités. L'accélération des progrès techniques, alliée à l'utilisation plus étendue d'une langue commune, permet une diffusion mondiale plus rapide et moins chère de l'information. Cette circulation plus rapide induit une plus grande valeur économique de l'information. Exploitée dans le monde entier, par l'Internet ou par les autres moyens actuels, une oeuvre cinématographique peut rapporter aux producteurs, acteurs, musiciens, etc... des sommes considérables. Les "milliardaires" de l'Internet, ne sont pas les fabricants d'ordinateurs mais ceux qui, par exemple, créent des logiciels, utilisés partout sur la planète, ou conçoivent des sites très fréquentés.[116] L'immatériel, c'est-à-dire la créativité humaine représentée par les films, logiciels, jeux, livres, images et inventions, est devenue une source grandissante de richesse économique, à tel point que les grandes entreprises délaissent leurs activités industrielles pour investir massivement dans les secteurs de l'immatériel (médias, téléphonie, Internet). Ce secteur qui connaît des regroupements verticaux est devenu plus lucratif et surtout plus prometteur que les industries du passé. Bien que le développement des richesses liées à l'immatériel soit étroitement dépendant des moyens techniques permettant d'en accélérer la circulation, et d'en abaisser les coûts, c'est néanmoins l'intelligence créatrice qui permet de drainer les plus importants profits. Nous pouvons dire que s'il y a interpénétration du matériel et de l'immatériel, la créativité cependant devient de plus en plus dématérialisée et se dématérialisant elle se libère à la fois des contraintes de l'espace et du temps, et peut donc circuler beaucoup plus rapidement. Alors que ces mêmes contraintes, assez lourdes dans le monde matériel, freinent l'expansion de l'abondance liée à l'information. L'Internet en mettant la personne au premier plan de la création de richesses économiques nous invite à reconsidérer la notion de personne et à mieux comprendre le fonctionnement de la sphère des droits personnels.

§ 2: la philosophie du droit et la personne

Notre mot "personne" vient du latin *persona* et la doctrine est quasiment unanime à reconnaître que *persona*[117] signifie "masque", mais elle est beaucoup plus partagée quant à l'idée que *persona* signifierait "masque par l'intermédiaire duquel on résonne". Nombreux sont ceux qui estiment, comme l'écrit Marcel MAUSS, que l'opinion des étymologistes latins qui traduisent *persona* par "masque par l'intermédiaire duquel on résonne"(per/sonare) est erronée.[118] Partant de la traduction de la *persona* comme simple "masque", Monsieur Jean-Marc TRIGEAUD, envisage en ces termes une lente évolution du concept de personne [119] qui trouve toute sa réelle profondeur, indivi-dualité et dimension dans la pensée chrétienne[120]:

"Au commencement était le masque de l'acteur... La personne ne fut primitivement qu'un personnage, et c'est comme telle qu'elle surgit sur la scène du droit, avant de prendre une signification plus profonde, avant de viser le juste indivisiblement moral et juridique en son essence."
Dans le même ordre d'idée, Monsieur Stamatios TZITZIS voit dans la notion de personne chrétienne un concept supérieur à celui de l'*anthropos*. Dans son récent ouvrage *Qu'est-ce que la Personne ?*, il nous explique comment en Grèce, à l'époque présocratique, l'homme se considérait comme faisant partie du cosmos, de la nature, mais n'avait pas encore atteint ce degré de reconnaissance de la personnalité humaine, comme parcelle du divin, manifestée à travers un corps physique, tel que le conçoit la tradition chrétienne.[121]

Pourtant, la personne, si on analyse plus sérieusement le Droit Romain antique et la distinction entre *actio in rem* et *actio in personam* qu'il contient, nous apparaît loin d'être un simple masque, mais bien plus comme "le masque par l'intermédiaire duquel on résonne".[122] Dans le Droit Romain antique, la personne nous paraît loin d'être limitée à un rôle juridique, à un masque-objet ou masque-personnage. Même si la personne n'est pas définie, ni parée de la beauté spirituelle ou de l'individualité particulière que lui reconnaît la pensée traditionnelle chrétienne, la *persona* ne signifie pas seulement le "masque", mais surtout le "masque **par l'intermédiaire duquel on résonne**". Un tel concept de *persona* fait place à l'homme, à l'âme, à l'esprit ou à l'être, pas seulement collectif, mais aussi individuel, ou à la vie qui anime le masque. Cela change toute la perspective de l'approche juridique de la personne. En effet, en retenant la définition de la personne comme "masque par l'intermédiaire duquel on résonne" et non pas comme simple masque ou personnage de théâtre, il est possible de comprendre que c'est à travers son corps que la personne résonne, c'est à travers son corps que le monde extérieur influence la personne et c'est aussi à travers son corps physique que la personne influence le monde extérieur. Ces deux observations sont de première importance pour l'organisation juridique, notamment dans le domaine des voies d'exécution. La *persona* était, à notre sens, le pont jeté de toute éternité entre le monde physique et le monde invisible, c'est l'endroit où s'interpénètrent ces deux ordres de réalités. Il suffit avec l'ethnologue Claude LEVI-STRAUSS de se pencher sur l'usage des masques dans des tribus nord et sud-américaines pour comprendre que les masques servaient avant tout de moyens de manifestation de pouvoirs (par exemple de pouvoirs de guérison[123]), de moyen de communication avec les esprits des ancêtres.[124] Même si Claude LEVI-STRAUSS cite le cas très caractéristique de tribus dans lesquelles l'achat d'un masque permet d'acquérir un statut social,[125] il n'en demeure pas moins que le masque en tant qu'objet n'a pas de valeur, sa valeur est toute spirituelle: le masque est le moyen magique[126] privilégié de communication entre le monde visible et le monde invisible. Dans l'Egypte ancienne, qui est de plus en plus reconnue comme étant le berceau du monde gréco-romain, cette fonction de "masque par l'intermédiaire duquel on résonne" est attestée par maintes pratiques. Celles-ci vont de l'utilisation des statues comme intermédiaire entre le monde divin et le monde humain, jusqu'à la momification du corps des défunts afin que ces derniers disposent sur terre d'un outil (leur corps momifié et parfois aussi leur masque) qui leur permettra d'entrer en contact avec le monde des vivants. Les statues tout comme les corps humains vivants ou momifiés sont des réceptacles de la vie.[127] A travers les statues, les dieux conçus comme des points d'émergence de l'énergie cosmique peuvent manifester leur puissance.[128] Il n'a pas fallu attendre l'ère chrétienne contrairement à ce qu'expose Monsieur Jean-Marc TRIGEAUD pour voir naître la notion de salut de l'âme individuelle, celle-ci existait déjà en Egypte depuis très longtemps. Dès l'an 2000[129] avant Jésus-Christ, la pensée égyptienne bien avant la religion chrétienne fait déjà place au salut de l'âme individuelle. Comme l'affirme Monsieur Joseph SARRAF:

"Vers l'an 2000 nul Egyptien n'obtient l'immortalité si le tribunal d'Osiris, et mieux encore, sa conscience personnelle, ne proclament qu'il est juste de voix. Ainsi, près de deux mille ans avant l'Avesta et le christianisme, nous trouvons en Egypte que la sanction morale est le fondement de la résurrection."

L'être humain loin de se limiter à un simple "masque", c'est-à-dire à son corps physique est un être doué de vie qui agit à travers son "masque" c'est-à-dire son corps. C'est de cette réalité, toute terrestre, dont Monsieur Stamatios TZITZIS fait état dans la sphère du droit pénal:

"Le corps se révèle dès lors comme le fondement de la personne; c'est par le corps que se manifeste la personnalité. Quand bien même on ne le mentionne et qu'il paraît être absent, le corps marque implicitement sa présence. Ceci est évident dans les dispositions du Code pénal. Le deuxième livre est consacré aux crimes et aux délits contre les personnes. Notamment, son deuxième titre se rapporte aux « atteintes à la personne humaine ». Certes, la personne humaine comporte, pour le droit, une dimension physique, et une autre, psychique. Mais le principe de la vie, avant d'exprimer un état d' *animus* passe par le corps. Ainsi lorsque le législateur définit le crime, il vise d'abord le corps. L'attentat à la vie humaine concerne plus l'agression du corps et beaucoup moins celle de l'âme. Pour le droit qui ignore la pensée désincarnée, c'est le corps que l'on peut supprimer et non l'âme."[130]

Cette réalité avait été perçue bien avant nous par les civilisations pré-axiales. Dans le titre qui suit, nous allons voir, à travers les théories de la distinction des droits réels et personnels que le monde juridique moderne n'a pas toujours su prêter l'attention nécessaire à cette réalité concrète (chapitre 1). Bien souvent il l'a ignorée. Dans un second chapitre, nous verrons comment les anciens Romains avaient su tirer parti de cette loi naturelle. Puis nous appliquerons à l'Internet, après certaines vérifications, le savoir faire juridique des anciens Romains face au monde virtuel.

TITRE 2

L'IMPACT JURIDIQUE
SUR LE MONDE VIRTUEL,
L'EXEMPLE DE L'ANCIEN DROIT ROMAIN

PRELIMINAIRES

Dans le titre premier, nous avons vu comment le monde juridique traditionnel était orienté vers le partage de la matière et la protection des biens matériels, tandis que la richesse dans le monde virtuel de l'Internet est le fruit de la pensée humaine. Il s'agit d'une richesse immatérielle qui cependant produit des effets dans le monde matériel. A tel point que de nombreux auteurs ont estimé que les lois positives trouvent à s'appliquer directement à l'Internet. A leur sens, il n'y aurait pas de monde virtuel puisqu'en définitive l'Internet s'adresse toujours à des personnes et produit des conséquences dans le monde réel.[131] *Mais,* lorsqu'ils essayent d'appliquer à l'Internet les règles du droit positif -conçues pour un monde délimité par un territoire sur lequel peut s'exercer une contrainte physique - ils se rendent bien vite compte de l'inefficacité d'une telle démarche. Pourtant, ces juristes n'ont pas totalement tort. Ils n'ont simplement pas assez observé les raisons pour lesquelles le monde matériel et le monde virtuel ne sont pas complètement dissociés. Il existe, en effet, une interaction entre ces deux mondes et si nous voulons agir efficacement dans le domaine de l'Internet nous devons savoir à quoi correspond juridiquement cette interaction. Ce n'est pas dans le droit positif que nous trouverons la réponse à cette question, et par conséquent, ce n'est pas non plus en adoptant la démarche juridique positiviste que nous pourrons aboutir à un résultat utile. Si nous voulons comprendre les incidences juridiques de l'interaction entre matière et immatériel, c'est dans les fondements du très Ancien Droit Romain qu'il faut aller chercher les informations utiles. Les anciens Romains avaient tiré parti des lois de la nature, pour élaborer un système juridique qui a fait ses preuves et dont nous pourrons aujourd'hui encore

41

tirer un excellent parti pour l'Internet. Comme pour tout ce qui a pris naissance dans les civilisations pré-axiales,[132] que nous jugeons à maints égards primitives, nous devons compter sur l'archéologie et sur les connaissances qui sont parvenues jusqu'à nous déformées et mal comprises. Nous ne vivons pas dans le même univers mental que celui qui a donné naissance au très ancien droit Romain. Il n'est donc pas étonnant de constater combien notre mode de pensée rationnel, aux antipodes des mentalités primitives, nous rend énigmatiques certains concepts du très ancien droit romain. Pour ce qui nous intéresse, à savoir: comment agir efficacement sur le monde virtuel, le très ancien droit Romain avait une réponse, parvenue jusqu'à nous déformée et incomprise. De la loi d'interaction entre la matière et l'immatériel,[133] il ne reste plus aujourd'hui[134] qu'une distinction très lointaine. Il s'agit de la distinction moderne entre droits réels et droits personnels, fruit d'une mauvaise traduction de la distinction de l'ancien droit romain entre *actio in rem* et *actio in personam*. Faute de n'avoir pas pris conscience de cette erreur de traduction, les juristes n'ont jamais pu comprendre les motifs de la distinction moderne. Malgré une abondante doctrine [135] et la qualité des auteurs qui s'y sont intéressés,[136] aucune réponse satisfaisante n'a pu être apportée à cette question viciée dès le départ. De ces débats doctrinaux, il ne reste plus aujourd'hui dans les enseignements universitaires français qu'un mince souvenir. A son arrivée à l'université, l'étudiant en droit y apprend que la distinction entre droits réels et droits personnels tient au caractère absolu du droit réel tandis que le droit personnel, serait lui relatif.[137] Loin d'imaginer qu'il s'agit là de la pointe d'un iceberg dont la partie immergée remonte à la nuit des temps, il ne se questionnera pas davantage sur cette distinction qui lui aura été très brièvement présentée et qui ne peut lui servir à rien. De là à supprimer ce vestige du très ancien droit romain, dont on ne comprend plus le sens, il n'y a qu'un pas que la doctrine a franchi de diverses manières. Un auteur[138] après avoir constaté que:

"La théorie de la distinction entre droits réels et droits

obligationels (droits *in rem* et droits *in personam*) constitue l'un des chapitres les plus extraordinaires de l'histoire de l'erreur humaine."[139]

propose d'abandonner la recherche et observe:

"Ces dernières années, la théorie de la distinction entre droits réels et droits obligationnels a donné lieu à une controverse portant sur la question de savoir si la différence entre ces deux types de droits doit être recherchée dans le contenu du droit... ou dans la protection réelle ou dans les deux. Mais il n'a pas été possible d'aboutir à un accord, ni même de clarifier ce point. Et on ne voit pas quel résultat pourrait être atteint, dans la mesure où cette question est tout à fait futile. C'est un inutile gaspillage d'une énergie qu'on ferait mieux d'utiliser à meilleur escient."[140]

Hans KELSEN[141] critique en ces termes le maintien de la distinction entre droits réels et droits personnels:

"Cette distinction qui joue un rôle important dans la théorie du droit civil, présente elle aussi un caractère idéologique accusé. On la maintient malgré l'objection constamment renouvelée que la domination juridique d'une personne sur une chose consiste uniquement en un rapport entre un sujet et d'autres sujets...".[142]

René DEMOGUE[143] conclut à l'inutilité de la distinction scientifique entre droits réels et droits personnels.Cette distinction ne serait qu'une "distinction d'école qui, présentée au début des études juridiques, est commode pour faire comprendre quelques situations élémentaires et les matérialiser..."[144]

La tendance moderne n'est plus à se questionner sur les raisons de la distinction entre droit réel et droit personnel,[145] on se contente de répéter la formule dépassée de Marcel PLANIOL et d'ajouter autant de nouvelles catégories qu'il existe d'objets inclassables.[146] S'il est vrai que les doctrines de la distinction des droits sont inutiles, cela ne tient pas à l'inutilité du très ancien droit romain, mais à notre incapacité à en tirer parti qui tient toute entière à la démarche juridique positiviste. Les auteurs, en effet, ont toujours réfléchi à partir du droit positif et de la distinction moderne entre droits réels et droits personnels, alors que comme l'écrivait Marcel PLANIOL, il s'agit là d'une erreur de traduction.[147] La notion même de droit réel n'a jamais existé dans l'ancienne Rome, elle est une invention récente, démontre Michel VILLEY.[148] La véritable distinction sur laquelle il aurait fallu réfléchir était celle du très ancien droit romain entre l'*actio in rem* et l'*actio in personam*. Cette distinction était liée aux impératifs des voies d'exécution.[149] Comme nous le verrons, il est très simple de comprendre cette distinction initiale en la replaçant dans son contexte historique et dans la mentalité pré-axiale qui l'a vue naître. Il est d'ailleurs bien plus logique de réfléchir à partir du très ancien droit Romain plutôt qu'à partir des vestiges de la distinction romaine tels qu'ils existent dans notre système juridique actuel. De même, il sera inutile d'essayer d'en comprendre le sens à travers la littérature romaniste qui a depuis longtemps déjà plaqué sur les sources romaines une philosophie qui lui est étrangère.[150] A tel point qu'un auteur a estimé que:

"Pour reconquérir le langage authentique du droit romain, une précaution indispensable est de ne point ouvrir les manuels de droit romain contemporain".[151]

Nous n'entrerons pas dans les détails des nombreuses théories de la distinction des droits qui furent en leurs temps élaborées et qui ne nous sont d'aucune utilité pratique pour inventer le droit de l'Internet. Nous dresserons, dans un premier chapitre, de manière très schématique les grandes lignes des seules maigres réponses auxquelles la démarche positiviste permettait d'aboutir. Dans un second chapitre, nous proposerons une solution beaucoup plus novatrice et surtout utile, que nous vérifierons dans un troisième chapitre. Enfin dans un quatrième chapitre, nous appliquerons le savoir faire romain, ainsi redécouvert, à l'Internet.

CHAPITRE 1

LA DISTINCTION D'ORIGINE ROMAINE ENTRE DROITS REELS ET PERSONNELS

Section 1: La théorie classique

Selon cette théorie, qui trouve son inspiration directe dans les travaux de POTHIER,[152] la distinction entre droits réels et droits personnels est fondée sur l'objet des droits. Le droit réel porte sur une chose, et implique un rapport direct entre une personne et une chose; tandis que le droit personnel porte sur une personne.[153] Cette théorie fut critiquée notamment par Marcel PLANIOL[154] qui a largement contribué à la diffusion de la théorie personnaliste de la distinction des droits réels et personnels.

Section 2: La théorie personnaliste

Marcel PLANIOL fait le reproche suivant à la théorie classique: un droit ne peut pas porter sur une chose, car un droit suppose inévitablement des relations entre des personnes. Il observe que dans la pratique, pour ce qui concerne le droit de propriété, celui-ci ne peut être conçu comme un rapport direct entre une personne et une chose. Un tel rapport estime Marcel PLANIOL est un rapport de fait, et nous le connaissons très bien, il s'agit de la possession. Par conséquent, la distinction entre les droits personnels et les droits réels ne saurait se situer au niveau de l'objet des droits. Les droits, qu'ils soient réels ou personnels supposent tous des rapports entre les personnes. Ils sont tous d'essence obligationnelle. La différence se situe au niveau du nombre de personnes mises en relation. Marcel PLANIOL formule alors l'idée qui a connu tant de succès selon laquelle ce qui fonde la distinction entre les deux droits c'est le fait que le droit réel est un droit absolu, c'est-à-dire opposable à tous, tandis que le droit personnel est un droit relatif. Malgré le dépassement de cette affirmation, notamment par René DEMOGUE, nous la retrouvons, aujourd'hui encore, dans la plupart des manuels d'initiation au droit.[155] Pourtant, René DEMOGUE avait démontré que la distinction tenant au caractère absolu ou relatif des droits n'est pas fondée en pratique. Partant du même point de vue que Marcel PLANIOL il estime cependant, qu'il convient de distinguer entre droits forts et droits faibles dans la mesure où il n'y a pas de différence technique à établir entre les droits réels et les droits personnels. Il écrit:

"Au fond il n'y a pas plus de droits absolus que de droits relatifs, car tout droit peut revêtir à la fois l'un et l'autre de ces deux caractères. Tout ce que l'on peut dire au point de vue scientifique, c'est qu'il y a des droits à contenu fort et des droits à contenu faible, des droits plus ou moins commodes dans leur exercice. Les droits sont tous des droits d'obligations, entre lesquels il y a des variétés, suivant les considérations pratiques."[156]

A l'opposé de cette doctrine personnaliste s'est développée une doctrine "réaliste" qui estime au contraire que tous les droits appartiennent à la catégorie des droits réels.

Section 3: La théorie réaliste

Les tenants[157] de cette doctrine, voient tous les droits sous la lorgnette de la catégorie des droits réels. Un auteur réussit même la prouesse d'utiliser la distinction personnaliste entre droit absolu et droit relatif pour prouver que tous les droits sont réels.[158] Pour aboutir à la constatation que tous les droits sont à classer dans la catégorie des droits réels, Frederik Vinding KRUSE utilise l'analyse courante de la structure d'un droit subjectif. Cette structure a été très bien présentée par Edmond Picard,[159] auquel nous empruntons l'idée générale des schémas ci-dessous.[160] Selon l'opinion juridique courante, tout droit subjectif suppose un sujet, un objet du droit et un contenu du droit, et Edmond Picard a pu schématiser ainsi qu'il suit un droit subjectif.

Schéma d'un droit subjectif selon Edmond PICARD:

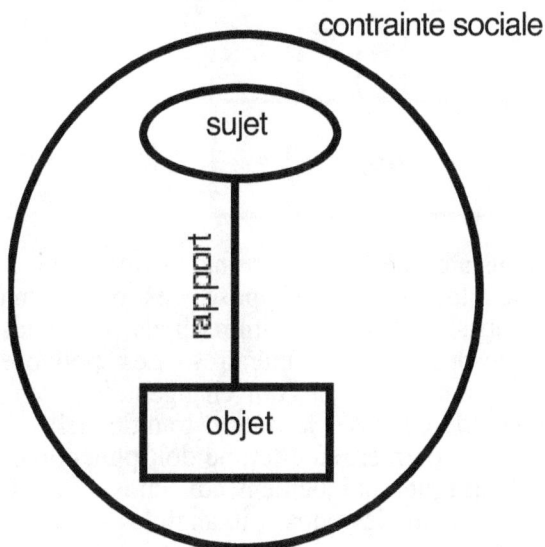

Le droit de propriété, droit réel par excellence, sert de point de départ à la construction de la théorie réaliste de Frederik Vinding KRUSE.[161] Il analyse le droit de propriété de manière très abstraite et impliquant l'existence d'un sujet, d'un objet et d'un contenu du droit. Le contenu du droit de propriété c'est notamment le fait de pouvoir user, abuser, jouir de la chose. C'est un ensemble de prérogatives.[162]

Schéma: de la structure d'un droit de propriété:

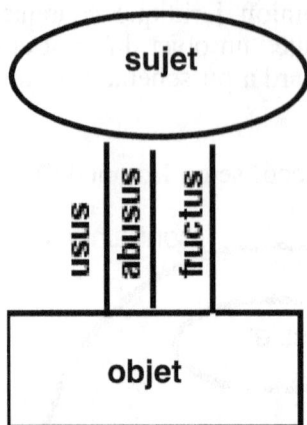

L'auteur constate que le même contenu que celui du droit de propriété classique qui suppose des objets matériels, s'applique aussi à des objets immatériels, telles les idées inventives ou les oeuvres littéraires. Les pouvoirs sont constants, ce sont les objets qui changent.[163] Il en déduit qu'il convient de dépasser la notion traditionnelle du droit de propriété. Ce dernier, en effet, ne doit plus comme dans le passé, s'appliquer uniquement aux choses tangibles; il peut porter aussi sur les choses intangibles et sur tous les biens immatériels issus de l'activité créatrice des personnes. Le droit de propriété peut alors être ainsi schématisé:

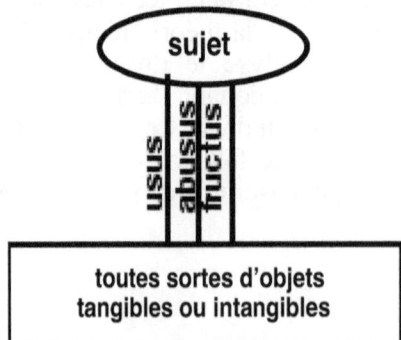

Il n'est donc plus nécessaire, selon l'auteur, de distinguer entre droit réel et droit personnel car tout est droit réel. Il est inutile de souligner ici que cette vision s'accorde parfaitement avec le droit positif centré sur le droit de propriété et sur le partage de la matière, au détriment des droits personnels. Il convient de rapprocher de cette théorie la théorie de la propriété incorporelle qui a été élaborée elle-aussi à partir de l'analyse de la structure du droit subjectif de propriété.[164] C'est à partir de l'analyse de la structure d'un droit subjectif[165] que sont nées les théories très abstraites de la propriété incorporelle, des droits intellectuels,[166] des droits sur les biens immatériels,[167] ou encore des droits de clientèle.[168]

L'abondante doctrine sur la distinction des droits réels et personnels s'apparente aux résultats d'un ordinateur qui aurait exploré les multiples combinaisons offertes par l'analyse abstraite de la structure d'un droit. Il n'est donc pas étonnant que ces doctrines peu créatives et pas du tout pragmatiques n'aient jamais pu aboutir à comprendre une distinction établie par les anciens Romains, pour des motifs pratiques et à partir de l'observation de la nature. Plus personne aujourd'hui ne s'interroge sur cette distinction, qui malgré l'utilité indiscutable qu'elle présente, une fois comprise, pour l'Internet, est en train de tomber dans l'oubli. Cette distinction, pour peu que nous remontions aux sources qui lui ont donné le jour, en optant pour une approche concrète et réaliste, pourra nous apporter un éclairage nouveau et utile sur le fonctionnement du monde virtuel. L'exemple de la structuration de l'impact juridique des anciens Romains sur le monde virtuel, parce qu'il repose sur un principe physique est aujourd'hui plus que jamais d'actualité. Il suffit de retrouver, à travers les vestiges, parvenus jusqu'à nous, la raison pour laquelle les anciens Romains avaient distingué entre *actio in rem* et *actio in personam*. Si nous voulons comprendre pourquoi les anciens Romains distinguaient entre *actio in rem* et *actio in personam*, il ne faut pas réfléchir à partir du concept de droit subjectif qui est moderne et abstrait. Le concept de droit subjectif, décomposé par les auteurs en sujet, contenu, objet, est une abstraction aux antipodes de la mentalité primitive qui est le substrat du droit Romain. Les Romains observaient la nature et vivaient dans un monde concret[169]:

"Les juristes romains ne construisent pas des systèmes d'idées; ils décrivent des réalités."[170]

Il faut abandonner le concept de droit totalement déplacé dans le contexte du très ancien droit Romain et cesser de raisonner à partir de nos concepts modernes. La notion de droit subjectif réel ou personnel suppose la nécessaire existence d'un système juridique, d'un droit positif composé de normes rationnellement organisées, ce qui n'existait pas à l'origine. Les premiers juristes ne pouvaient pas être des positivistes-légalistes car ils n'avaient pas de lois positives à leur disposition. Leur unique ressource consistait à observer le monde pour essayer d'en comprendre le fonctionnement et à tenter de l'équilibrer par la justice. Au lieu d'évoluer comme les juristes modernes du "droit pur" dans un monde de normes juridiques, de classifications parfois inutiles, ou de définitions abstraites, les premiers juristes étaient obligés de se confronter à la réalité du monde physique et de s'intéresser à la justice.

CHAPITRE 2

LES RAISONS PRATIQUES DE LA DISTINCTION ENTRE *ACTIO IN REM* ET *ACTIO IN PERSONAM*

Avec un peu d'imagination et beaucoup de bon sens pratique, ne serait-il pas possible de marcher à nouveau sur les premiers pas juridiques des Romains ? Imaginons donc que nous soyons dans la Rome antique et que nous ayons à inventer ce Droit Romain. Si, loin d'être dans sa structure, un droit éphémère, ce système est resté à jamais valable malgré la diversité des sociétés qui l'ont accueilli, c'est qu'il s'est bâti sur des fondations toujours actuelles. Puisque le droit sert à organiser la vie des hommes en société, il va de soi que pour obtenir une bonne organisation, il faut d'abord bien observer les choses: la vie. Si nous observons le monde, nous pouvons déjà noter que, parmi les éléments concrets que nous pouvons appréhender directement, il y a les choses et les personnes. Cependant, il existe aussi tout un monde invisible, immatériel que nous ne pouvons concevoir que par l'esprit et non par les sens: il s'agit du monde de l'abstrait, des choses immatérielles.[171] Parmi ces choses immatérielles importantes pour le droit, nous pouvons noter en particulier les promesses, les engagements, les contrats et d'une manière générale tous les liens. Parmi ces choses immatérielles, nous pouvons ranger aussi les idées, les mots, l'énergie, la joie et tous les sentiments, ainsi que l'esprit. Nous pouvons ainsi schématiser nos premières observations pratiques:

51

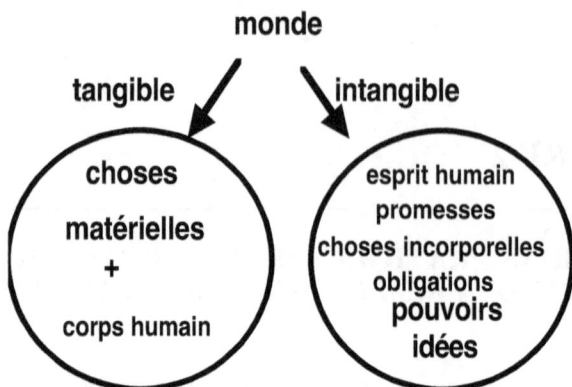

monde

tangible / intangible

choses matérielles + corps humain

esprit humain
promesses
choses incorporelles
obligations
pouvoirs
idées

Nous pouvons à présent affiner notre schéma puisque nous avons pu observer que l'homme corps et esprit participe de deux mondes: le matériel et l'immatériel. Le schéma sera donc le suivant:

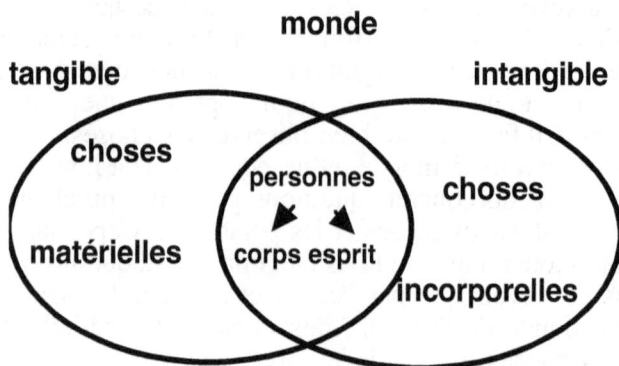

monde

tangible   intangible

choses

matérielles

personnes

corps esprit

choses

incorporelles

La personne apparaît donc comme une "passerelle" entre le monde matériel et le monde invisible. C'est aussi cette dimension à la fois physique et psychique qu'on ressentie des philosophes tels que Sören KIERKEGAARD ou Emmanuel KANT. Pour Sören KIERKEGAARD: "L'homme est une synthèse d'infini et de fini".[172] Emmanuel KANT avait traduit cette observation de la réalité par son concept de droit personnel de nature réelle. Il écrit: "...si je dis: ma femme, cela signifie un rapport particulier.

c'est-à-dire juridique, du possesseur à un objet (même si ce dernier est aussi une personne) comme chose. Or, la possession (*physique*) est la condition de la possibilité de la détention... d'un objet comme chose, bien que sous un autre rapport cet objet doive en même temps être traité comme une personne."[173]

"Il est donc évident qu'en la doctrine du droit le titre d'un droit *personnel d'espèce réelle* doit nécessairement s'ajouter aux titres de droit réel et de droit personnel, et que la division jusqu'ici admise n'est pas complète, puisque lorsqu'il s'agit du droit des parents sur les enfants comme partie de leur maison, les premiers ne se bornent pas à faire appel au devoir des enfants, quand ils se sont évadés, de revenir, mais qu'ils sont autorisés à mettre la main sur eux en tant que choses (comme s'il s'agissait d'animaux domestiques échappés) et à les tenir enfermés."[174]

Les rapports entre les personnes sont le coeur du droit et il est bien évident que c'est la vie des personnes qui nous intéresse le plus. Regardons-les vivre !

Quels sont les actes possibles des personnes ? Ce qui nous vient immédiatement à l'esprit, c'est que les personnes peuvent agir sur le monde matériel et sur les personnes, par des actes physiques et concrets: cela est en leur *pouvoir*. Quant au monde immatériel, à première vue, il nous a semblé impossible d'avoir un pouvoir sur lui; mais après avoir observé les actions des personnes, nous nous sommes aperçus que les personnes ont un moyen d'agir sur l'immatériel. Puisqu'une personne est une passerelle entre le monde concret et l'immatériel; pour agir sur l'immatériel, il suffit d'agir sur les personnes. Par exemple, pour faire respecter une promesse les personnes n'agissent pas directement sur la promesse en raison de son immatérialité, mais elles agissent physiquement ou psychiquement (c'est-à-dire par la parole, en la menaçant ou en l'encourageant par exemple) sur la personne qui a promis afin qu'elle réalise cette promesse.

En définitive, les personnes ne pourront accomplir directement que deux types d'actions: les actions sur les choses concrètes, les actions sur les personnes. Afin d'assurer une certaine cohésion sociale, qui permette la vie en société le droit doit intervenir pour organiser les actions des hommes sur le monde, leurs pouvoirs. Le "juge" devra dire en cas de litige entre les personnes quel doit être le véritable pouvoir de chacun sur les choses et sur les personnes. La distinction entre *l'actio in rem* et *l'actio in personam* s'explique alors, très simplement, par l'idée que la première était celle par laquelle les anciens Romains demandaient au juge quel était leur pouvoir d'action sur le monde concret; tandis que la seconde était celle par laquelle ils demandaient quel était leur pouvoir sur les personnes afin d'atteindre, à travers elles, le monde de l'immatériel. Nous aboutissons donc au schéma suivant:

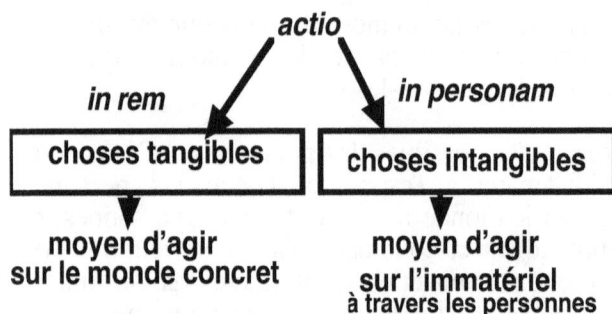

Nous pouvons donc terminer en représentant par deux schémas synthétiques les pouvoirs humains: 1) en dehors de tout litige; 2) tels qu'ils sont appréhendés par le juge (un pontife à l'origine).[175]

Schéma des pouvoirs humains en dehors du droit:

personnes

pouvoir direct / \ **pouvoir indirect**

(**sur le monde tangible**) (**sur le monde intangible**)

Les pouvoirs organisés par l'Ancien Droit Romain:

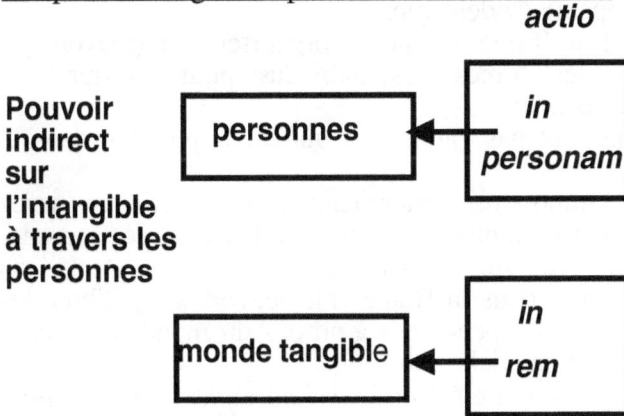

actio

Pouvoir indirect sur l'intangible à travers les personnes

| **personnes** | ◀── | **in personam** |

| **monde tangible** | ◀── | **in rem** |

Lorsque les personnes agissent par l'*actio in rem*, le juge leur indique quel est leur pouvoir sur les choses du monde concret. Lorsqu'elles agissent par une *actio in personam*, le juge leur indique quel est leur pouvoir sur les personnes pour agir indirectement sur l'immatériel.

Nous retrouvons dans le second schéma la distinction tripartite de Justinien entre personnes, choses, et actions. Cette distinction avait été notamment critiquée par monsieur MICHAS qui soulignait l'influence du plan des Institutes de Justinien dans notre système juridique et notamment "la fameuse division tripartite en personnes, choses et actions...".[1/6]

Pour résumer, nous pouvons dire:
- que c'est de l'observation du monde naturel qu'est née la distinction romaine entre les *actio in rem* et les *actio in personam*. Que c'est parce que cette distinction fait partie de la nature et non d'un système juridique aussi éphémère que la société qui l'aurait produit, qu'elle est aujourd'hui toujours d'actualité. C'est en définitive sur la nature des choses (matérielles et immatérielles) qu'est fondée la distinction romaine des actions sur les choses et des actions sur les personnes, qui a été improprement traduite dans nos systèmes juridiques modernes, par "la distinction (romaine) entre droits réels et droits personnels".

Il nous apparaît évident que:
- le droit à Rome servait à organiser les pouvoirs, à équilibrer les forces des individus pour assurer une harmonie sociale;
- la loi ne peut pas garantir ce qui est impossible dans la nature;
- il est impossible naturellement d'exercer des voies d'exécution sur l'immatériel; donc la loi ne peut pas accorder des droits directs sur l'immatériel.
- que le droit, dans la Rome antique, sert à équilibrer les rapports entre les personnes à propos du monde concret et du monde immatériel.
- que la distinction entre *actio in rem* et *actio in personam* tient au fait que les peuples des civilisations antiques, beaucoup plus intéressés que nous par le monde intangible comme le prouvent aussi bien les mythes, que la pratique de la magie, de l'astrologie ou de la divination, avaient eu besoin de distinguer entre la dimension réelle et la dimension immatérielle de notre monde pour appliquer à ces deux ordres de réalités des moyens d'action spécifiques. Pour agir sur le monde réel, ils agissaient tout simplement comme nous le faisons nous-mêmes, sur les choses directement. Tandis que pour agir sur le monde immatériel ils avaient avec beaucoup de pragmatisme et de bon sens déduit que dans le monde terrestre on ne peut

avoir de prise sur la dimension virtuelle qu'à travers un corps physique. Ils ont donc déduit que si le corps humain était une passerelle entre le monde visible et invisible il suffisait alors pour agir sur le monde invisible d'agir sur le corps humain, ce qui au plan procédural s'est traduit par l'*actio in personam*, qui comme son intitulé l'indique bien consiste à agir "dans" les personnes, et non simplement sur leurs corps.

Nous voyons donc combien la distinction entre la dimension matérielle et la dimension immatérielle de notre monde présente une utilité indiscutable dans le domaine juridique où en dehors du partage des biens matériels, de nombreuses questions touchant à l'immatériel ont de tout temps été posées aux juristes. Il suffit de songer au vocabulaire juridique romain et à des mots tels que: *ligare* (lier), ou *deligare* (délier), pour comprendre combien l'aspect intangible de l'existence humaine importait aux civilisations de l'Antiquité, qui avaient conscience des liens invisibles, pas uniquement juridiques, entre les personnes.[177] Actuellement les voies d'exécution (au sens large) ne sont pas autrement exercées qu'à Rome, nous n'avons trouvé aucun moyen d'exécution sur l'immatériel autre que l'exécution sur les personnes. Ainsi lorsque quelqu'un "vole" une invention, la victime ne demande jamais la restitution de l'invention, mais demande d'ordonner au juge la cessation de l'exploitation de l'invention: il s'agit d'une action sur les personnes. D'autre part, malgré la vogue de l'idée de propriété incorporelle, le droit pénal résiste à l'idée de vol de l'immatériel. Et cela s'explique dans la mesure où le vol implique la maîtrise physique de la chose volée et dans la mesure où l'action de la victime tend à la restitution matérielle de la chose. Or dans le monde de l'immatériel cela est impossible: restituer une idée que quelqu'un aurait volée, cela ne sert à rien. D'ailleurs, le droit de la propriété industrielle ne s'y trompe pas, il ne vise jamais le "vol d'une invention";[178] mais il sanctionne uniquement les exploitations contraires au monopole du breveté par une action en contrefaçon exercée contre des personnes et non contre des idées.

CHAPITRE 3

VERIFICATIONS

Section 1: A travers le pragmatisme des anciens Romains

Les anciens Romains sont présentés par les plus éminents romanistes[179] et par les historiens tel Monsieur Pierre GRIMAL,[180] comme des personnes essentiellement pragmatiques. Monsieur Samuel GINOSSAR parlait de "l'instinct juridique" des Romains.[181] Michel VILLEY a démontré par de nombreux exemples que les Romains observaient la nature des choses.[182] Par "nature", Michel VILLEY précise que les Romains entendaient:

"...tout ce qui existe dans notre monde: c'est-à-dire, non pas seulement les objets physiques, matériels..., mais l'intégralité de l'homme, esprit autant que corps, et les institutions humaines et les institutions sociales."[183]

Il affirme aussi, dans un article sur le raisonnement juridique, que la démarche des jurisconsultes romains n'était pas scientifique.[184]

Les Romains, qui étaient très pragmatiques, n'avaient pas construit un système juridique fictif et abstrait, ils n'accordaient que des pouvoirs qu'il était naturellement possible d'octroyer à l'homme. Ils ne pouvaient pas, par exemple, accorder un pouvoir de maîtrise directe[185] sur l'immatériel, dans la mesure où cela est impossible en pratique. Si les Romains nous entendaient discuter de propriété intellectuelle ou de propriété immatérielle (comme c'est le cas dans le droit des brevets d'invention ou dans le droit de la propriété littéraire et artistique), c'est-à- dire de pouvoir de maîtrise directe sur l'invisible, ils nous prendraient probablement pour des primitifs, mais très certainement pour des insensés.

Michel VILLEY, à propos du rôle de l'observation de la nature des choses en Droit Romain, cite de nombreux exemples qui lui permettent de conclure que les clauses ou les sentences impossibles, contraires à la nature des choses sont de nul effet à Rome. En d'autres termes, ce qui est impossible dans la nature ne peut être rendu possible par la volonté de l'homme.[186] L'auteur cite aussi un autre texte du Droit Romain à propos de la nécessaire nullité d'une sentence à laquelle "la nature des choses rendrait impossible d'obéir".[187]

Parmi les auteurs qui se sont interrogés à propos de la distinction entre droits réels et droits personnels, nous avons observé particulièrement que deux auteurs ont adopté instinctivement la démarche des Romains. Monsieur CATALA[188] note par exemple que: "le patrimoine... est tissé de personne et de matière". Monsieur ABERKANE écrit[189]:

"Selon que le pouvoir porte sur une chose ou qu'il est dirigé contre une personne, on dit qu'il s'agit d'un droit réel ou d'un droit personnel. Quoi qu'il en soit ces pouvoirs portent en définitive soit sur une chose, soit sur une personne, et l'on ne conçoit pas l'existence d'un autre élément sur lequel ils pourraient porter."

L'auteur en tire la conclusion que "tous les droits doivent logiquement se ramener... au droit réel et au droit personnel." Et c'est à travers le droit réel de propriété que nous pouvons aussi vérifier la pertinence de notre analyse de la distinction romaine.

Section 2: A travers le concept de propriété

Nous retrouvons chez de nombreux auteurs l'idée que la propriété est un fait. Il s'agit d'un pouvoir. Nous pouvons lire dans les Institutes de Justinien que la propriété est *"plena in re potestas"*.[190] Nous expliquons la raison pour laquelle les anciens Romains ne revendiquaient pas en justice un droit de propriété, mais la chose elle-même[191]: *rem meam esse:* "c'est à moi" disaient-ils au juge. En fait, il ne sert à rien pour les Romains qui sont des gens naturels et pratiques de demander un pouvoir sur une chose, il est plus normal de demander directement la chose elle-même, car c'est en la détenant qu'on en a la maîtrise. C'est cette explication que traduit ce passage des oeuvres de POTHIER, il écrit à propos de la propriété:

"Il est nécessaire, pour que nous acquérions le domaine d'une chose, que nous en soyons mis en possession, parce que ce n'est que par ce moyen que la chose est mise en notre pouvoir..."[192]

Et que nous trouvons encore aujourd'hui formulée de manière très naturelle par des auteurs modernes, tel Monsieur Stamatios TZITZIS qui écrit:

"Au coeur du droit, réside le respect de la propriété. On ne peut être maître que de ce qu'on possède".[193]

Il rejoint par là l'esprit de l'ancien droit romain qu'il convient de relier à la civilisation égyptienne.

Section 3: A travers les origines égyptiennes de l'Ancien Droit Romain

La renaissance de l'étude de l'Ancien Droit Romain a eu lieu bien avant que Jean-François CHAMPOLLION[194] ne commence à déchiffrer les hiéroglyphes égyptiens et à nous ouvrir ainsi les portes de la pensée égyptienne. Ce n'est que très récemment que de plus en plus d'égyptologues soulignent le lien qui leur paraît évident entre le monde

61

gréco-romain qui a façonné notre âge axial[195] et l'Egypte antique. De ce fait, nous trouvons peu de références reliant le très Ancien Droit Romain à la civilisation égyptienne. Les romanistes ne s'intéressent généralement pas à l'Egypte qui est une autre spécialité.[196] Et les Egyptologues s'intéressent encore moins au très ancien droit romain qui, pourtant, pourrait leur être extrêmement utile. Bien qu'Eugène REVILLOUT ait, dès 1912, démontré à travers l'étude des institutions juridiques de la Rome tardive, l'ampleur des emprunts que Rome avait faits à l'Egypte, son ouvrage sur *Les origines égyptiennes du droit civil romain*[197] est resté méconnu et isolé.[198] Si ce livre est intéressant et convaincant, il se cantonne cependant à l'étude de concepts de droit civil, déjà bien structurés et développés et ne s'intéresse pas à la philosophie des origines de ce système juridique. Or, il est plus utile pour notre propos de remonter aux grands principes qui ont vu naître la civilisation égyptienne et que nous retrouvons dans la très ancienne Rome et qui formèrent le substrat sur lequel s'est construit toute l'architecture juridique romaine. Les principes de base et le contexte culturel de l'Ancien Droit Romain font ressortir -beaucoup mieux que les institutions plus tardives-[199] les caractéristiques communes de l'Ancien Droit Romain et de la culture égyptienne. A travers cette communauté d'idées nous comprenons mieux, par exemple, l'origine et le sens de la notion de *persona* romaine, ce qui entraîne à son tour une preuve supplémentaire pour les raisons de la distinction de l'Ancien Droit Romain entre l'*actio in rem* et l'*actio in personam*. Voyons à présent les traits communs aux deux cultures. Nous ne développerons pas ici en détail tout ce qui concerne l'Egypte pour laquelle nous avons regroupé les développements dans le titre suivant qui traite de l'idée de justice dans l'Egypte ancienne.

§ 1: Un goût prononcé pour le concret

Les Egyptiens anciens tout comme les anciens Romains aimaient le concret.[200] Leur méthode de travail n'était pas scientifique, et ils avaient une prédilection pour le langage symbolique. Dans un ouvrage très synthétique et passionnant qui présente le monde de l'Ancien Droit Romain, Michel VILLEY démontre maintes fois combien les anciens Romains agissaient en praticiens et observateurs de la vie: chez eux pas de définition a priori (de la personnalité, de la propriété, par exemple), mais des solutions pratiques et concrètes face aux problèmes de tous les jours. Le Droit Romain n'était pas un système, mais un art de dire le juste et selon Michel VILLEY, un art du partage.[201] Les Egyptiens, comme l'atteste l'égyptologie, étaient eux aussi, non seulement très pragmatiques, mais observateurs de la nature.[202] L'égyptologue Emile AMÉLINEAU,[203] lors de sa traduction du papyrus moral de Boulaq a expliqué à quel point l'Egypte était pragmatique jusque dans sa morale, et il va même jusqu'à utiliser le terme "d'utilitarisme". Par ailleurs, si nous savons que les anciens Egyptiens se sont fortement intéressés à l'origine du monde, ils ont aussi appliqué leur pragmatisme à cette quête, comme le souligne, en ces termes, l'égyptologue Beatrice L. GOFF.[204]

§ 2: <u>Le pouvoir créateur de la parole et le concept de persona</u>

Contrairement au monde moderne essentiellement logique et matérialiste -et il convient de le souligner à certains égards très borné- les civilisations anciennes telles que Rome, la Grèce ou l'Egypte s'intéressaient beaucoup plus que nous au monde immatériel de la personne. A travers le très Ancien Droit Romain et à travers le concept égyptien de Maât (que les égyptologues traduisent par Vérité-Justice), nous pouvons observer comment ces peuples avaient tiré parti dans le domaine juridique de la loi d'interpénétration du monde matériel et du monde immatériel. Grâce à leur sens du concret, les anciens Egyptiens et les anciens Romains avaient utilisé et compris bien avant nous, une loi de la nature dont nous avons dans le monde moderne tiré, assez récemment, un excellent parti dans le domaine de l'informatique. Cette loi est simplement le principe de l'existence de deux ordres de réalités matérielle et immatérielle qui s'interpénètrent et sont en constance interaction. C'est ce même principe: le passage d'une énergie électrique à travers un matériel physique qui est appliqué dans le domaine de l'informatique et grâce auquel a pu se développer le réseau Internet. Nous trouvons l'application de cette loi en Egypte dans l'étude de la parole créatrice et dans les rituels religieux et à Rome à travers la notion de *persona*, sans laquelle la distinction des anciens Romains entre *actio in rem* et *actio in personam* n'aurait jamais existé. L'Egypte, en effet, est très marquée par l'importance donnée à la parole qui selon les textes égyptiens est une substance vivifiante et créatrice captée à travers le coeur des êtres humains et des dieux et émise par la langue. Cette pensée égyptienne, que nous développerons plus en détail dans le titre qui suit, se rapproche de toute évidence du rôle de la parole dans la procédure formulaire et les actions de la loi de la Rome antique.[205] Pour donner un exemple, à la fois du pragmatisme de l'Ancien Droit Romain et de l'importance de la parole, nous parlerons de la revendication. Dans le Droit Romain antique, le concept de droit de propriété n'existait pas. Pour revendiquer ce qu'aujourd'hui nous désignons par "droit de propriété", le *pater familias* lésé disposait d'une formule rituelle par laquelle il déclarait que la terre était à lui. Il devait à cet effet suivre le formalisme prescrit (c'est à dire prononcer une formule délivrée par le pontife et apporter selon les cas une motte de terre ou tout objet en relation avec la chose revendiquée), ce qui à bien des égards s'apparentait à des rituels magiques [206] Les formules de la loi devaient être prononcées à voix haute, et très exactement, faute de quoi le jugement ne pouvait intervenir.[207] Ces formules étaient à l'origine tenues secrètes par les pontifes.[208] Ce n'est que plus tard, et à l'adresse des pérégrins que les formules commencèrent à être écrites, puis beaucoup plus tard publiées à travers les édits des préteurs.[209] Lorsqu'un plaideur de la Rome antique prononce devant les pontifes une formule de la loi, il met en oeuvre le principe "d'émission de la voix", si présent dans l'ancienne Egypte. L'émission de la voix, est un acte créateur, qui consiste techniquement à faire passer le son (pour les

Egyptiens, l'énergie solaire) à travers un corps physique. La *persona* romaine est bien conformément à l'étymologie "per-sonare" le masque à travers lequel on résonne, en d'autres termes, le vecteur physique qui permet le passage de l'intangible: la vie, la parole, auxquelles les Egyptiens anciens prêtaient une attention très particulière. C'est une simple application de ce principe qui est évidemment, à notre sens, à l'origine de la distinction romaine entre *actio in rem* et *actio in personam*. En effet si le corps de la personne permet de manifester le monde intangible des idées par exemple, il était très facile pour des peuples très concrets de déduire et d'expérimenter le fait que c'est aussi en agissant sur les personnes, physiquement ou par la parole par exemple, qu'il est possible d'agir sur un monde immatériel. La distinction entre *actio in rem* et *actio in personam*, du très Ancien Droit Romain, est une des applications pratiques de la loi d'interaction de la matière et de l'immatériel à travers le corps humain. C'est parce qu'il s'est bâtit, non pas sur des considérations politiques et sociales, aussi éphémères que les groupes humains qui les produisent, mais sur les lois intemporelles de la physique, que des peuples très divers ont pu à travers les siècles de l'histoire humaine utiliser avec profit [210] le très Ancien Droit Romain, et qu'aujourd'hui encore nous pourrons dans le domaine de l'Internet tirer un très intéressant parti de la distinction romaine entre *actio in rem* et *actio in personam*.

CHAPITRE 4

L'EXPERIENCE JURIDIQUE DES ANCIENS ROMAINS APPLIQUEE À L'INTERNET

La distinction romaine entre *actio in rem* et *actio in personam* trouve toute son utilité lorsqu'elle s'applique à l'élaboration du droit de l'Internet. Elle apporte un éclairage significatif sur l'hésitation fondamentale dont font preuve les juristes qui se sont interrogés sur la problématique de l'Internet. Nous entendons parler communément par exemple du cyberespace, ou du monde virtuel qui serait un monde à part du monde matériel et par conséquent non soumis à ses lois. Pourtant, les juristes et le commun des mortels réagissent en affirmant que l'Internet n'est pas un monde virtuel, qu'il est au contraire un monde bien réel, car c'est en définitive la personne qui est le destinataire des effets de l'Internet. De là à vouloir réglementer l'Internet avec les lois de la matière il n'y a qu'un pas et nous allons schématiser ci-après la logique juridique qui incontestablement conduit à une impasse et aussi incontestablement pourrait bénéficier de l'éclairage de l'Ancien Droit Romain.

Section 1: La logique juridique positiviste face aux abus perpétrés via l'Internet

1°) Il est constaté qu'il y a des abus sur l'Internet.
2°) Il est décidé que ces abus doivent être punis.
3°) On estime qu'il n'y a pas de vide juridique,[211] car l'Internet ne serait pas un monde virtuel puisqu'il s'adresse en définitive à des personnes physiques bien déterminées et

que par conséquent, le droit traditionnel demeure applicable.
4°) Quelles lois va-t-on appliquer ? Il y a là une liste impressionnante de textes du droit traditionnel qui ont vocation à s'appliquer à l'Internet au plan national, même s'ils sont à certains égards légèrement inadaptés: droit pénal, droit des contrats, droit commercial, droit de l'audio-visuel, propriété intellectuelle,[212] etc.
5°) Malgré l'affirmation qu'il n'y aurait ni monde virtuel, ni vide juridique, et que le droit existant s'appliquerait naturellement à l'Internet, de nombreux livres consacrés au "droit de l'Internet" ou du cyberespace[213] ont été publiés; et les législateurs de plusieurs pays ont adopté des textes spécifiques au réseau ou réfléchissent à une législation spécifique au réseau.
6°) Tout le monde constate qu'étant donné l'importance du concept de territorialité lié au droit traditionnel, le droit positif tant qu'il reste national, est inefficace à maints égards dans la sphère de l'Internet en raison de la facilité qu'offre l'Internet de se mouvoir au-dessus des frontières. Il est, à l'heure actuelle, impossible à un Etat d'interdire à ses nationaux reliés à l'Internet, l'accès à des informations illicites sur le plan national ou la diffusion à partir d'un site relais étranger d'informations illicites, d'où l'inefficacité d'une bonne partie du droit national. Par ailleurs, un Etat ne peut matériellement exercer un contrôle sur tous les sites accessibles par ses nationaux pour y porter son "label" par exemple.[214]

Nous voyons donc à travers ce résumé de la logique actuelle avec laquelle il est tenté d'apporter des solutions aux problèmes posés par l'Internet, combien cette logique est seulement apparente et combien cette approche positiviste du phénomène de l'Internet nous mène dans une impasse et ne tient pas compte de la dynamique de l'Internet et de la création de richesse qu'elle implique. Elle est aussi complexe qu'inefficace alors que l'Ancien Droit Romain, dans sa simplicité naturelle et concrète, garde toute son actualité et son utilité lorsqu'il est appliqué au réseau.

Section 2: l'éclairage de l'Ancien Droit Romain

L'ancienne Rome permet de répondre que les partisans de la virtualité de l'Internet et les tenants de la non virtualité de l'Internet ont tous à la fois tort et raison. Il n'existe pas, en ce qui concerne la perception humaine, de monde virtuel complètement indépendant de la matière. C'est en effet, toujours à travers la matière: son corps physique, ou un ordinateur pour l'Internet que l'être humain a accès au monde virtuel. La confusion actuelle du monde juridique et l'illogisme des raisonnements qu'elle induit tiennent au fait d'une insuffisante observation du fonctionnement de l'Internet et de l'interaction entre le monde matériel et immatériel qu'il met en jeu. Une fois cette prise de conscience réalisée, il suffit d'appliquer la distinction ancienne de l'Ancien Droit Romain entre *actio in rem* et *actio in personam* et le principe essentiel qui en découle: l'impossibilité d'agir directement sur l'immatériel, le virtuel dirions nous pour l'Internet. Ce qui conduit aux conséquences pratiques suivantes au plan de la réglementation de l'Internet. Pour agir sur le monde virtuel de l'Internet, nous ne pouvons le faire qu'à travers le truchement de la matière à travers laquelle se diffuse l'information à savoir: le corps humain, et l'ordinateur. Les conséquences suivantes en découlent pour les grands principes philosophiques qui devraient sous-tendre l'élaboration d'un droit de l'Internet:

1°) Si l'Internet est un simple moyen de communication utilisé par des opérateurs bien identifiables pour conduire des transactions portant sur des objets tangibles qui seront livrés à un endroit juridiquement déterminé en provenance d'un lieu juridiquement déterminé; alors les droits positifs continuent de s'appliquer comme par le passé, il n'est donc pas ici nécessaire de légiférer, le droit international de la vente, par exemple, continuant à s'appliquer.

2°) Si l'Internet est le terrain d'un échange d'informations immatérielles (livres électroniques, services, images, etc....) entre un ou plusieurs émetteurs et récepteurs et que tant les émetteurs que les récepteurs ou l'un ou l'autre ne sont pas identifiables physiquement; alors nous n'avons aucun moyen d'agir sur l'immatériel et toute législation prétendant le faire est vouée à l'échec et au ridicule. En effet, notre seul moyen d'agir sur l'immatériel c'est la personne, et dans ce cas elle n'existe pas puisqu'elle n'est pas identifiable. La seule ressource qui demeure aux instances qui voudraient réglementer le réseau consiste à influencer le monde des idées en diffusant des recommandations législatives dépourvues de sanctions, c'est-à-dire en agissant sur les personnes par la "parole" comme l'avaient bien compris les civilisations antiques.

3°) lorsque des personnes bien identifiées ont des échanges informationnels sur le réseau Internet et que ceux-ci ne se traduisent pas dans la réalité par des échanges de biens; en cas de litige, les droits positifs nationaux trouveront à s'appliquer à deux conditions: les délits ont été prévus par le droit positif et le procès a lieu entre deux ressortissants d'un même Etat bien déterminé; ou bien les personnes sont bien déterminées physiquement et ressortissantes de deux pays différents et les conventions internationales existantes entre ces deux pays autorisent la sanction de ce type d'abus réalisé par l'Internet.

En cas de litige entre deux personnes:
- intervenu à propos d'échanges informationnels réalisés via le réseau et non sanctionnés par un droit international, soit parce qu'il n'existe pas de convention internationale spécifique, soit parce qu'en raison de la spécificité de l'Internet l'échange intervenu ne peut être de façon certaine localisable dans un quelconque territoire, et/ou dans le cas où les deux protagonistes ne sont pas physiquement identifiables

il n'existe aucune possibilité pour un Etat de sanctionner ces abus à travers les personnes et de départager les intérêts en présence.

Section 3: Une nouvelle application du principe du Droit Romain rendue possible par l'Internet

Nous venons de voir comment d'une part le très Ancien Droit Romain nous permet de départager ce qui fait partie du monde matériel et du monde virtuel; et d'autre part de penser de manière efficace aux moyens d'agir sur le monde virtuel. Comme les anciens Romains, c'est à travers les personnes que nous agirons sur le monde virtuel, mais ce qui est nouveau c'est que c'est aussi à travers les ordinateurs[215] que nous pourrons aussi agir sur ce monde immatériel.

Les voies d'exécution devront être accomplies soit envers les personnes, et dans ce cas il faudra élaborer des règles de droit nécessairement internationales adéquates (c'est-à-dire n'ayant pas besoin pour s'appliquer du principe de territorialité), soit à travers les ordinateurs en utilisant des moyens techniques.

Si l'Ancien Droit Romain, à travers la compréhension de la distinction entre *actio in rem* et *actio in personam*, nous apporte un éclairage significatif sur les moyens d'agir efficacement, nous ne pouvons en revanche appliquer à l'Internet la conception de la justice comme partage.[216] En effet, dans un monde d'abondance informationnelle où donner une idée à quelqu'un n'empêche pas de continuer à la garder pour soi, la justice comme partage n'a plus aucun sens ni aucune utilité. Si le juriste ou le gouvernement ne peuvent plus intervenir pour "partager" ou "départager" justement, mais seulement pour prélever des taxes sur les acteurs de l'Internet, alors, il n'est pas étonnant que leur intervention soit parfois refusée et ouvertement critiquée. D'ailleurs disent de nombreux internautes: "est-elle encore justifiée ?"[217] Pour que l'intervention législative soit justifiée et acceptée par les internautes, il faudrait qu'elle se base sur un principe de justice nécessairement spécifique à l'Internet, et non sur le droit conçu pour le partage de la matière. Existe-t-il une justice applicable aux lois du monde virtuel qui justifierait l'intervention adéquate des juristes et

71

des gouvernements ? C'est dans l'Egypte ancienne, tout orientée vers une justice de l'immatériel que nous aurons le plus de chances de trouver des connaissances utiles pour ce type de justice.

TITRE 3

QUELLE JUSTICE POUR L'INTERNET ?

INTRODUCTION

L'étude du droit romain archaïque fait ressortir que l'idée de justice est antérieure au concept de droit positif.[218] Le second suppose nécessairement l'existence d'un intérêt initial pour la justice. Il n'existe pas de sociétés dans lesquelles le droit positif ne serait pas issu d'une volonté (initiale) de rendre la justice. En revanche, l'égyptologie nous apprend qu'une société évoluée telle que l'Egypte a pu vivre très longtemps sans posséder de droit écrit. Cependant, elle avait pour trait fondamental de placer la justice au centre de ses préoccupations. Etant donné le caractère mondial des problèmes qui se posent dans le contexte de l'Internet, les différents droits positifs des Etats ont tous prétention à s'appliquer. Alors, lequel choisir ? Ce choix est impossible et continuer dans cette voie c'est s'enfoncer dans une impasse. Il conviendrait plutôt de remonter à la source de tous ces systèmes juridiques pour retrouver le besoin de justice qui leur a donné naissance. Oui, mais de quelle justice peut-il s'agir? La justice d'ARISTOTE, qui attribue à chacun le sien et qui partage les biens matériels, ne nous est plus d'aucune utilité dans l'Internet.[219] Pourtant c'est cette conception de la justice-partage qui prévaut depuis l'aube de notre monde axial. Même John RAWLS bâtit sa *Théorie de la justice* sur ce fondement.[220] Aujourd'hui dans la sphère juridique nous n'en connaissons pas d'autre et pourtant cette conception de la justice ne peut efficacement être appliquée à l'Internet. Nous ne donnerons pas pour le moment une autre définition de la justice qui pourrait être appliquée à l'Internet, nous la formulerons après notre recherche d'un concept de justice adapté à l'Internet et pour laquelle nous nous sommes tournés vers l'Egypte pré-axiale. Nous avons vu que faute d'un objectif de justice, l'intervention juridique sera inutile et indésirable dans l'Internet. Ce n'est que par la détermination d'un concept de justice spécifique à l'Internet que nous pourrons d'une part aboutir à une conception globale de l'intervention juridique sur l'Internet et d'autre part à une justification de l'intervention juridique dans le domaine de l'Internet. Force est de constater que les juristes ou les gouvernements ne se sont pas interrogés sur le principe de leur action et sur ce qui devrait être la justice spécifique à l'Internet.[221] Au lieu de cela, l'habitude bien ancrée de la démarche positiviste a conduit les juristes de tous les pays à se demander par exemple: quelle est la loi applicable? Quelle cour peut trancher tel litige ? Tel ou tel acte est-il sanctionné par le droit[222] existant ? Le positivisme juridique a donné aux juristes la fâcheuse habitude de ne plus utiliser leur imagination créatrice et de se tourner uniquement vers "la mémoire juridique morte"[223] -c'est-à-dire les lois et les codes existants- lesquels en l'occurrence n'ont pas été le fruit d'une civilisation de la richesse immatérielle et sont totalement inadaptés au monde virtuel de l'Internet.[224] C'est à travers la civilisation égyptienne, qui avait fait de la justice la clef d'un univers d'abondance immatérielle, que nous chercherons la réponse à notre question: existe-t-il une justice pour l'Internet qui justifierait l'intervention d'un organe régulateur et qui permettrait de tirer le meilleur parti de l'Internet ?

SOUS-TITRE 1

A LA RECHERCHE DU CONCEPT DE JUSTICE DANS

L'EGYPTE ANCIENNE

CHAPITRE PRELIMINAIRE

L'EGYPTE: UN MONDE TOURNE VERS LA JUSTICE

Les vestiges de la civilisation égyptienne témoignent très clairement de l'intérêt que portaient les anciens Egyptiens à la Justice. C'était une civilisation aux antipodes de la nôtre en ce sens qu'elle s'intéressait beaucoup à la justice et très peu au droit. Elle ne nous a pas légué, comme l'ont fait les anciens Romains, un système juridique,[225] mais un concept de justice, que nos mentalités modernes ont du mal à comprendre. Il est en effet difficile de trouver des vestiges de textes juridiques dans l'Egypte antique: seuls quelques textes d'époque tardive et ce que les égyptologues considèrent comme le premier traité de droit international[226] sont arrivés jusqu'à nous. Pourtant, le thème de la justice se retrouve dans les moindres actes de la vie courante. Presque tous les textes et inscriptions hiéroglyphiques parlent de la justice. Elle concerne non seulement la vie terrestre, mais aussi l'après-vie. De ce fait, malgré le titre de son ouvrage: *La notion du droit d'après les Anciens Egyptiens*, Monsieur Joseph SARRAF est contraint de souligner, lui aussi, l'importance de la justice dans le monde égyptien et de constater la rareté des textes purement juridiques.[227] Tous les textes de sagesse enseignent qu'il faut se conformer à Maât, concept que les égyptologues ont traduit par "déesse de la Vérité-Justice" et les *Livres des Morts des Anciens Egyptiens* nous apprennent que c'est à l'aune de la Justice que le défunt[228] sera jugé au moment de la mort, lorsque son coeur sera pesé sur la balance de Maât. Ce passage par la balance est représenté dans les vignettes qui illustrent les textes de nombreux papyri funéraires. La porte obligée de passage vers l'au-delà étant la balance de Maât; il est facile de comprendre à quel point le concept de justice constituait le pivot central de cette civilisation aujourd'hui disparue, qui se préoccupait tant de l'après-vie. Il n'est donc pas étonnant que Maât, "déesse de la Vérité-Justice" soit omniprésente, elle apparaît dans presque tous les textes qui ont été retrouvés, qu'ils soient des textes de sagesse, des papyri funéraires, ou des inscriptions hiéroglyphiques recueillies sur les murs des temples. Les informations sur Maât ont été recueillies, non seulement à travers la traduction des hiéroglyphes, mais aussi à travers les images: Maât c'est la déesse à la plume blanche, celle encore qui tient la croix Ankh symbole de vie. A travers les vestiges de la civilisation égyptienne, il ressort que toute la vie égyptienne est régie par Maât. Dans une telle société, il n'y a pas de différence entre justice divine et justice humaine, l'homme juste sur la terre est aussi l'homme juste dans l'au-delà. Il est récompensé par l'abondance de vie, par la prospérité sur terre et aussi dans l'au-delà. L'Egypte comme "don du Nil"[229] est marquée par une prospérité matérielle qui n'a pas étouffé son élan vers un idéal élevé de justice. Mais ce concept de justice est tellement différent du nôtre que les Égyptologues et historiens des religions ont eu beaucoup de peine à en cerner les contours. Quant aux juristes, ils s'y sont très rarement intéressés. Dans la mesure où, comme nous le verrons, l'objectif de la justice égyptienne était la création d'une abondance principalement immatérielle, nous aurions grand intérêt à la redécouvrir pour appliquer à l'Internet une philosophie qui a fait le succès et la longévité de la civilisation égyptienne.

CHAPITRE 1

LA JUSTICE EGYPTIENNE A TRAVERS L'EGYPTOLOGIE ET L'HISTOIRE DES RELIGIONS

Section 1: Maât[230] (Déesse de la Justice): nourriture des dieux et des hommes

De nombreux auteurs, s'appuyant sur les textes déchiffrés et sur les représentations de l'offrande de Maât dans les temples, la présentent comme la fille du dieu-soleil Râ[231] comme sa mère[232] et aussi comme sa nourriture et la nourriture de tous les dieux.[233] Dans son ouvrage *Maât et Pharaon ou le destin de l'Egypte antique*, Monsieur Jean-Claude GOYON la présente comme: "la 'fille et vie' de Rê, le créateur solaire".[234] Alexandre MORET écrit que lors du rituel de l'offrande de la Maât:

"...l'officiant définit Maât: la fille, la chair, l'âme, la parure, le vêtement, la nourriture solide et liquide du dieu, et le souffle de vie qui l'anime".[235]

Les égyptologues et les historiens des religions sont unanimes pour souligner la place centrale de Maât dans la pensée égyptienne. En effet, Maât fait l'objet du plus important rituel d'échange entre le Pharaon et le soleil. Celui-ci consiste à "faire remonter la Maât vers son père le soleil", c'est-à-dire à rendre au Soleil la lumière qu'il donne afin de lui permettre de toujours en donner. Ce rite d'échange entre le Pharaon et le soleil a été récemment étudié de manière exhaustive par Madame Emily TEETER[236] dans son ouvrage intitulé: *The presentation of*

Maât, Ritual and legitimacy in ancient Egypt. A travers son grand intérêt pour l'observation dans les temples de la scène du rituel de l'offrande de Maât par le pharaon ou le roi, l'auteur démontre notamment que Maât y apparaît comme la nourriture du soleil[237] et aussi comme la nourriture de tous les dieux. Mais que signifie, au juste, Maât, terme souvent traduit par "Vérité-Justice" ? Que signifie Maât, peinte sur les murs des tombeaux ou dans les vignettes des papyri, sous forme d'une déesse portant sur la tête une plume blanche ? Elle peut aussi être indifféremment représentée uniquement par une plume blanche, ou par une statuette qui la montre dans la position assise et portant sur les genoux une croix Ankh

𓋹[238], symbole de la vie pour les anciens Egyptiens.[239] Monsieur Jean-Claude GOYON, par exemple, la définit en ces termes:

"La statuette et son image incarnent un concept, un principe, celui de l'ordre universel, dont découlent toutes les vertus et notions d'ordre propres à l'humanité: vérité, justice, équilibre. Maât est encore la manifestation révélée du don renouvelé de la vie..."[240]

Par cette définition l'auteur s'inscrit à la fin du courant de pensée qui a évolué d'une conception éthique à une perception cosmique de la Maat et que nous allons à présent étudier.

Section 2: De la Maât morale à la Maât cosmique: l'évolution des idées en égyptologie et en histoire des religions

C'est à travers les documents écrits, retrouvés la plupart du temps dans des tombes ou dans des temples, et en déchiffrant les inscriptions taillées dans la pierre, que les égyptologues ont appréhendé la notion de la Maât, généralement traduite par des expressions imprécises telles que: "Vérité-Justice" ou "ordre". Une compilation de textes relatifs à la Maât, accompagnée de commentaires a été réalisée par Madame Miriam LICHTHEIM, dans son ouvrage:*Maat in Egyptian autobiographies and related studies*.[241] En tant que concept central du monde égyptien antique, Maât a intéressé tant les égyptologues que les historiens des religions.[242] Ils en ont fait une étude approfondie sans jamais aboutir cependant à une perception précise et cohérente du principe de la justice dans l'Egypte antique. En effet estiment-ils, le flou dans l'approche de la Maât, provient du fait qu'il s'agit d'un concept très difficile à cerner pour des esprits modernes. Une réelle compréhension de ce concept induit la capacité de porter un regard neutre sur le monde égyptien, ainsi qu'une souplesse mentale assez forte pour éviter de projeter dans ce monde qui nous est tellement étranger, nos idées modernes, notre raisonnement logique et notre mentalité. A ses débuts, l'égyptologie n'a pas échappé à l'atmosphère intellectuelle du 19e siècle. De fait, elle a été inévitablement marquée par les théories évolutionnistes ou par le rationalisme scientifique. Ce qu'a vivement critiqué Henri FRANKFORT, qui conseillait, au contraire, d'essayer de penser comme les Egyptiens pour être à même de comprendre leurs messages et en particulier, pour saisir dans toute son essence, la notion de Maât.[243]

Le courant de pensée ayant consisté à plaquer sur la Maât notre conception actuelle de la justice et à la considérer comme un concept purement éthique[244] -comme le laisseraient supposer les textes des confessions négatives retrouvées dans les tombeaux- est aujourd'hui largement dépassé, ou plutôt englobé dans une conception cosmique du concept de Maât. Selon l'égyptologue Jan ASSMANN[245] et selon Monsieur Philippe DERCHAIN, c'est à Claas Jouco BLEEKER, égyptologue néerlandais que nous devons, aux alentours de l'année 1929, l'ouverture de l'horizon, tant de l'égyptologie que de l'histoire des religions, à une conception plus globale de la Maât: une conception cosmique. Pour aboutir à une telle ouverture, Claas Jouco BLEEKER avait, "tout simplement", changé de point de vue. Son ouvrage qui traite spécifiquement de la Maat[246] est écrit en néerlandais et à notre connaissance il n'a pas été traduit en d'autres langues et nous est accessible uniquement à travers les citations d'égyptologues ultérieurs ou d'historiens des religions. Mais heureusement, BLEEKER, dans un ouvrage en langue anglaise, publié en 1967[247] expose sa théorie de la Maât et surtout la méthode de travail qui lui a permis d'aboutir à une meilleure compréhension du monde égyptien antique. Claas Jouco BLEEKER reprochait à ses prédécesseurs et à ses contemporains[248] d'avoir adopté un point de vue moderne et "européen" pour investir la religion égyptienne en cherchant dans les textes égyptiens une "doctrine religieuse" qui, à son avis ne pouvait pas exister, étant donné que la mentalité égyptienne n'était pas tournée vers les abstractions ou les dogmes. Il critique aussi l'intérêt excessif et quasi exclusif pour la mythologie manifestée par de nombreux chercheurs.[249] Il nous explique que même le mythe d'Osiris n'a jamais été présenté de manière systématique par les Egyptiens eux-mêmes et que nous devons le récit global de ce mythe à un auteur grec: Plutarque.[250] L'esprit de système, allié à un raisonnement logique et déductif n'était pas une des qualités de l'esprit égyptien.[251] L'Egyptien n'était donc, ni rationnel au sens moderne, ni fataliste, mais doté d'un solide optimisme réaliste et naturel qui lui donne la conviction du caractère immuable de la Maât.[252] Claas Jouco BLEEKER propose, pour mieux comprendre la religion égyptienne, ce qui inclut bien sûr à son sens le concept de Maât, de nous intéresser davantage aux rites et aux cultes, au lieu de nous centrer uniquement sur les textes comme nous le faisons dans les religions modernes européennes. Ceci, d'autant plus que les textes égyptiens retrouvés et traduits par les égyptologues, représentent la religion officielle et non l'ensemble des croyances et pratiques du peuple égyptien. Les pratiques[253] rituelles égyptiennes sont, selon l'auteur, beaucoup plus diversifiées que voudrait nous le faire croire la religion officielle. Grâce à cette approche plus large, centrée sur la pratique concrète des rituels -dont l'offrande de la Maât est le plus important- qui sont des actes de la vie réelle, des actes concrets par lesquels les Egyptiens mettaient en oeuvre des croyances religieuses, Claas Jouco BLEEKER a réussi à mettre en lumière l'aspect cosmique de Maat, et le fait que tout, dans la société égyptienne, est intégré: ordre social et ordre cosmique, microcosme et macrocosme.[254] Il définit Maât en ces termes:

"Maât est à la fois un concept et une déesse. En tant que concept Maât représente la vérité, la justice et l'ordre social, trois valeurs éthiques qui à y regarder de plus près reposent sur l'ordre cosmique."[255]

Dans son ouvrage consacré à Maât,[256] il expose sa conception qui servira de référence à de nombreux historiens des religions et égyptologues. Parmi eux, nous trouvons notamment Madame Irène SHIRUN-GRUMACH,[257] qui se basant sur les travaux de Claas Jouco BLEEKER va souligner l'idée que, dans la symbolique cosmique égyptienne, la plume, emblème de Maât, symbolise la lumière. Monsieur Jan ASSMANN, s'appuyant lui-aussi sur la dimension cosmique de Maat, mise en valeur par BLEEKER, a approfondi l'aspect cosmique de la Maat et en a fait ressortir de nombreuses autres caractéristiques et conséquences. C'est grâce à son intuition -qu'il fallait changer de point de vue et de méthode de travail et élargir le champs des recherches- alliée à un grand sens de l'observation, que Claas Jouco BLEEKER a permis une avancée significative dans le domaine de la compréhension de la notion de Maat en égyptologie. Il aurait pu aller beaucoup plus loin s'il était allé jusqu'au bout de la critique qu'il adressait aux autres chercheurs. A savoir: il leur reprochait d'adopter le point de vue de la religion moderne européenne, surtout fondée sur des textes et un enseignement doctrinal, pour comprendre la religion égyptienne. Il aurait dû aller jusqu'au bout de cette critique concernant le concept de Maât. Mais c'eût été assez inhumain de demander à un historien des religions d'avoir un recul et un détachement suffisants pour s'apercevoir qu'il fallait, pour bien comprendre la notion de Maât, en Egypte, oublier totalement l'angle de l'histoire des religions.[258] D'autres auteurs ont désormais compris que Maât, n'est pas un concept religieux au sens que nous donnons généralement aujourd'hui au mot "religieux", terme qui implique la croyance en quelque chose de non pragmatique et de non vérifiable. Notre concept de Religion semblait étranger à la pensée égyptienne antique si concrète. Monsieur Philippe DERCHAIN souligne, par exemple, combien la notion d'ordre inhérente à Maât signifie pour l'Egyptien non pas une abstraction, mais un ordre concret émanant d'un rapport de forces.[259] Concernant Maât, il ne s'agit pas d'y croire ou non, mais de la mettre en oeuvre et de l'expérimenter à travers les résultats de la conduite conforme ou non à Maât, comme le préconisent les textes de sagesse égyptiens.[260] Claas Jouco BLEEKER avait pourtant écrit, que par différence avec nos traditions religieuses modernes fondées sur des textes, les religions anciennes étaient fondées sur la nature.[261] De même, il avait déduit de l'observation attentive des rites et des cultes égyptiens que tous étaient destinés au renouvellement de l'énergie,[262] un objectif, en définitive, très concret et très utilitaire. Il rejoignait en cela l'égyptologue Alexandre MORET, qui avait, depuis longtemps déjà, cerné l'objectif de la circulation d'énergie cosmique liée à la notion de Maât, à travers le rituel de l'offrande de la Maât, qui consiste à "faire monter la Maât". Maât, essentiellement impliquée dans la circulation de l'énergie cosmique et dans le maintien de l'équilibre du microcosme et du macrocosme, n'apparaît donc pas comme étant un concept religieux.

L'historien des religions, Henri FRANKFORT, a dans une très large mesure pris du recul par rapport à la perception religieuse moderne de la civilisation égyptienne et a permis, à son tour, en dépassant l'approche évolutionniste ou rationaliste, de souligner le caractère *"mythopoeic"*[263] de la mentalité égyptienne et d'entrer, ainsi, un peu plus profondément encore dans l'essence de la pensée de l'Egypte antique. Dans son ouvrage *Ancient Egyptian Religion, an interpretation*[264] il explique que la mentalité égyptienne était fort éloignée de la nôtre[265] et que de nombreuses notions et concepts ou mots égyptiens paraissent obscurs, non parce que les sources égyptiennes sont obscures, mais parce que nous sommes en présence d'un état d'esprit aux antipodes du nôtre. L'Egyptien ancien n'était pas intellectuel et mental, il n'élaborait pas des théories logiques et rationnelles, mais faisait preuve d'une grande intuition alliée à un sens du concret[266] et selon les termes de l'auteur d'une surabondance d'imagination[267]. L'auteur montre comment par exemple, notre approche éminemment matérialiste du monde, nous empêche de bien comprendre la signification de l'offrande d'aliments aux dieux ou aux morts réalisée par les Egyptiens anciens. Les Egyptiens avaient une approche tant matérielle qu'immatérielle des choses et il est très difficile pour notre esprit moderne de comprendre que les Egyptiens offraient aux dieux la partie immatérielle de la nourriture[268]: son énergie (son Ka). Concernant la notion de Maât, l'auteur estime, par conséquent que si ce concept est difficile à traduire dans notre langage moderne, c'est parce qu'il correspond à une conception qui nous est inconnue, étrangère[269] et c'est la raison pour laquelle il nous faut de nombreux termes pour traduire ce concept égyptien qui était unité et reflétait l'intégration entre ordre cosmique et ordre social,[270] intégration qui nous est tout à fait étrangère. Maât représente, pour l'auteur, à la fois l'éthique, la morale, la justice tant humaine que divine ou cosmique. Il écrit:

"Mais nous manquons de mots pour des concepts, tels que Maât, qui a des implications à la fois éthiques et métaphysiques. Nous devons parfois la traduire par "ordre", parfois par "vérité", parfois par "justice". Et le contraire de Maât appelle la même variété de traductions. Par cette façon de procéder nous soulignons involontairement l'impossibilité de traduire les idées égyptiennes dans la langue moderne. Ceci tient au fait que les distinctions que nous ne pouvons éviter de faire n'existaient pas pour les Egyptiens."[271]

Dans sa dimension cosmique, Maat régit l'ordre du monde, mais le mot "ordre", ici encore, ne doit pas s'entendre au sens moderne du mot. Il signifie quelque chose, qui selon

Henri FRANKFORT, n'appartient pas à l'univers de la pensée moderne; de même que le terme "droit" n'a pas du tout le même sens que notre équivalent moderne. Etre "droit"[272] n'a pas de connotation éthique ou morale et les Egyptiens, même s'ils décrivent des actions mauvaises, ne considèrent pas les mauvaises conduites comme des péchés dont il faudrait se repentir. Les mauvaises actions leur apparaissent comme des aberrations du comportement humain, qui empêchent l'être humain d'être heureux, car elles introduisent des disharmonies non conformes à l'ordre la Maât.[273] L'orgueil, par exemple, est perçu comme une perte du sens des proportions à l'instar de la conception grecque de l'*hybris*.[274] Il sera alors bien plus utile à l'Egyptien ancien de mieux comprendre les lois de la Maât et de corriger son attitude en conséquence, que de se repentir d'un péché sans rien comprendre au processus de la Maat.[275] En se penchant sur la littérature mortuaire, l'auteur montre comment cette littérature de plus en plus marquée par la peur de la mort et du jugement dernier,[276] créant de nombreux obstacles au passage du défunt vers l'au-delà, ne correspond pas à la sagesse véritable égyptienne qui transparaît davantage à travers des textes plus anciens. L'auteur souligne que la notion de jugement ne pouvait pas, étant donné, la mentalité égyptienne, avoir le même sens moral et éthique que le jugement au sens biblique.[277] Par une comparaison très frappante, il critique les auteurs qui, s'étant appesantis sur la littérature mortuaire, ont cru discerner à travers le thème du jugement des morts une éthique ou une morale égyptienne.[278] Or, dit Henri FRANKFORT, cela équivaudrait à déduire nos connaissances en astronomie de l'étude des horoscopes publiés dans la presse.[279] Au contraire, de nombreux textes de sagesse égyptienne prouvent que les notions de péché, d'éthique, de morale n'étaient pas du tout au centre des préoccupations égyptiennes toutes orientées vers l'harmonie très concrète avec l'ordre cosmique institué par la Maat, tant de l'individu que de la société.[280]

Enfin, c'est à l'égyptologue, Jan ASSMANN que nous devons la plus récente étude approfondie du concept de

Maât.[281] L'auteur souligne l'idée que le concept de Maât intègre à la fois le cosmique et le social dans la pensée égyptienne "qui n'a pas fait de distinction entre théologie et science, cosmos et société, religion et Etat".[282] A travers l'analyse détaillée des textes et accessoirement à travers l'image de la scène "de la pesée de l'âme", l'auteur démontre comment la Maât agit au niveau social et au niveau cosmique. Il estime que la compréhension du concept de Maât:

"...pourrait fournir la clef d'une compréhension plus approfondie de la civilisation égyptienne...., parce qu'il semble effacer les limites entre la religion et tout ce qui n'est pas religion."[283]

Il explique à quel point les difficultés de traduction du concept de Maât sont liées au fait que l'univers de pensée des anciens Egyptiens est aux antipodes du nôtre:

"Plus l'écart entre les deux univers est vaste, plus la paraphrase s'allonge; elle peut alors facilement prendre la taille d'un livre entier, dans la mesure où elle doit reproduire en grande partie la conception d'un monde qui nous est étrange."[284]

L'auteur décrit comment l'égyptologie, enrichie par les travaux de l'anthropologie culturelle et de la philosophie de la civilisation, est passée d'une conception purement éthique de la Maât à une conception cosmique dans les années 30, période à partir de laquelle "le 'coeur' du concept de Maât n'est plus l'éthique, mais 'l'ordre universel'".[285] La justice est alors définie comme "action en harmonie avec les forces régulatrices actives dans le maintien de cet ordre universel".[286]

L'aspect social de la Maât selon l'opinion de Monsieur Jan ASSMANN[287]
En se basant sur l'analyse des Textes de sagesse (composés des enseignements et des plaintes) et principalement sur le texte de "l'oasien" daté du Moyen

Empire,[288] Monsieur Jan ASSMANN tente de démontrer comment l'idée de solidarité sociale émane du concept de Maât. Il s'agit d'une solidarité active qui implique qu'on agisse pour celui qui agit, et qu'on conserve la mémoire de l'hier. A cette solidarité active, s'ajoutent une solidarité communicative impliquée par le rôle de l'écoute dans la société égyptienne et une solidarité intentionnelle. A travers ce dernier type de solidarité, l'auteur perçoit "Maât comme un altruisme prescriptif", en s'appuyant sur le concept égyptien "d'avidité du coeur".

Il y a sur cette partie, de nombreuses critiques à adresser à l'auteur qui interprète les sources à travers des concepts de solidarité, d'altruisme, et surtout de solidarité communicative qui sont des concepts étrangers à la Maât égyptienne et font plutôt partie de notre "âge axial". Par exemple, l'écoute en Egypte avait une dimension beaucoup plus vaste que la notion d'écoute comme solidarité telle que la conçoit Monsieur Jan ASSMANN. Il est très probable que la notion d'écoute mutuelle comme obéissance à la loi paternelle par exemple, ait été une déformation tardive d'une société patriarcale où les enseignements étaient destinés aux fils. Même si des passages des Enseignements des pères aux fils sont le reflet d'une Egypte déjà déséquilibrée au profit d'un patriarcat assez sévère, de très nombreux passages de ces mêmes enseignements ainsi que d'autres textes ne parlent pas de l'écoute du père par le fils. Il s'agit de tout autre chose: de l'écoute de Dieu et de l'écoute de Maât par le coeur. Par l'écoute, en effet, le coeur en se réglant sur l'harmonie cosmique, s'emplit de Maât et de vitalité.[289] Mentionnons ici, que la science moderne a découvert le rôle fondamental de l'oreille interne en tant qu'organe de l'équilibre. Mentionnons aussi les travaux du Docteur Alfred TOMATIS,[290] qui écrit dans son ouvrage *Vers l'écoute humaine:*

"L'oreille, en effet, n'a pas été conçue pour entendre. Comment dès lors le serait-elle pour écouter ? Elle doit assurer deux fonctions majeures qui répondent, en réalité, à une seule et même activité: l'équilibre et la recharge du système nerveux en énergie. Ce n'est que secondairement qu'elle va se mettre à entendre et, plus tard, à écouter."

Et essayons de prendre conscience de ce que pouvait être la réelle étendue du concept d'écoute en Égypte et de comprendre ainsi pourquoi ce concept était si important dans la civilisation égyptienne. L'écoute ne se limitait pas à l'écoute de l'autre, à une simple solidarité communicationnelle, beaucoup plus large, elle impliquait d'être à l'écoute de l'univers et de ses lois d'harmonie pour s'emplir de vie. Une critique détaillée des idées de Monsieur Jan ASSMANN serait beaucoup trop longue ici et nous entraînerait loin de notre objectif. Retenons donc les aspects utiles de son analyse. Ceux-ci peuvent être maintenus malgré la projection par l'auteur des concepts modernes de solidarité, d'écoute, ou d'altruisme. Un aspect très important est dégagé par Monsieur Jan ASSMANN, il s'agit de la notion d'échange,[291] accompagnée de la notion de circulation à travers l'échange. C'est elle qui apparaît à travers le texte de "l'oasien" et notamment à travers la formule "agis pour celui qui agit".[292] Il faut, à notre avis, souscrire partiellement à l'idée et à la conclusion de Monsieur Jan ASSMANN formulées en ces termes:

"Les notions de 'solidarité' et de 'communication' s'avèrent les éléments communs à toutes les sphères -ou univers de discours - dans lesquelles nous avons étudié la notion de Maât... Il faut donc à mon avis abandonner la notion de l'ordre cosmique, Weltordnung, comme le centre du concept de Maât. Le véritable centre, le point de départ d'où toutes ses acceptions plus spécifiques dérivent, c'est la catégorie sociale de la solidarité communicative."[293]

Abandonner la notion d'ordre cosmique, au profit de la "solidarité communicative", ce serait, revenir très en arrière et perdre le bénéfice de l'avancée permise par Claas Jouco BLEEKER. C'est aussi, à notre avis, considérablement restreindre et obscurcir le concept de Maât en y projetant des préjugés modernes. Toutefois, si nous retenons le principe d'échange et de circulation en vigueur dans la société égyptienne, nous pouvons, sans abandonner le concept d'ordre cosmique considérer que "la solidarité communicative" peut résider au coeur de la Maât en tant que loi d'échange cosmique. Cette loi d'échange a été soulignée en ces termes par Monsieur S. BICKEL[294] dans son ouvrage intitulé: *La cosmogonie égyptienne avant le Nouvel Empire*:

"Comme la Vie et le souffle vital, Maât est un principe qui doit être échangé à plusieurs niveaux: entre le créateur et sa fille Maât d'une part, et entre le créateur, voire les dieux en général, et le monde créé d'autre part...Cette notion d'échange était pour les anciens Egyptiens de première importance pour la compréhension du monde. Le culte divin, les conceptions funéraires, mais aussi les rapports sociaux sont ancrés dans ce principe de réciprocité."

C'est par un échange équilibré, que la circulation cosmique s'opère au mieux et que l'ordre cosmique est maintenu. Contrairement à ce que pense Monsieur Jan ASSMANN, nous estimons qu'il n'y a pas une "solidarité", au sens moderne du terme, dans la société égyptienne ancienne, mais simplement un bon sens, réaliste et concret, qui veut qu'une bonne circulation de la Maât crée l'harmonie dans le groupe humain, la stabilité, la prospérité, le bonheur, l'abondance et aussi la santé.

Conclusion: à travers l'étude de l'évolution de l'approche du concept de Maât en égyptologie, il apparaît très clairement que la Maât a très peu à voir avec nos concepts modernes de vérité, d'écoute, de solidarité, de péché, etc... Elle n'en est peut-être qu'un lointain ancêtre ? De ce fait, nous ne pouvons que rejeter l'approche moderne positiviste qui émane des travaux de Madame Bernadette MENU[295] sur le rapport entre Maât, Thoth d'Hermopolis et le droit. Selon l'auteur, Maât serait la norme d'essence divine et Thoth serait chargé d'appliquer et d'interpréter la norme.[296] Faire Maât reviendrait donc à dire le droit, à faire oeuvre de jurisprudence. Bien au contraire de la platitude positiviste c'est une conception tout à fait originale de la justice qui émane de l'ancienne Egypte. Elle mérite d'être approfondie, dans la mesure où comme l'Internet, elle concerne principalement l'immatériel. Bien que les connaissances sur la Maât soient très nombreuses, elles ne peuvent pas être utilisées en l'état pour l'Internet. Il faut chercher encore, car cette notion, très utile pour le droit, n'a pas vraiment été élucidée par les Egyptologues et par les Historiens des Religions. L'approfondissement de cette notion est indispensable. Pour rendre ce concept plus clair et plus utile, il est nécessaire d'entrer davantage dans le symbolisme égyptien et surtout d'oublier nos idées modernes.

CHAPITRE 2

LE SYMBOLE COMME MOYEN D'ACCES A UN MONDE PRE-LOGIQUE

A travers l'étude du concept de maât dans l'Egypte antique, nous avons pu noter, le travers moderne qui a consisté à étudier la Maat principalement à travers l'analyse des textes écrits, et ceci au détriment des images. Il en est une: la scène de la psychostasie qui est particulièrement utile à la compréhension de la Maât. C'est la seule image, répétée à l'infini, qui nous montre le principe de la justice égyptienne en action. Avant de voir le très maigre parti qu'en ont tiré l'égyptologie et l'histoire des religions, il est important de comprendre ce que le symbole, en général, est à la civilisation égyptienne.

Section 1: L'Egypte un monde de communication symbolique

Les sources égyptologiques sur la conception de la justice ne manquent pas, tant cette civilisation était centrée sur la Justice. Ce qui fait défaut c'est notre capacité à les interpréter, en raison notamment de notre trop grand attrait pour les textes, au détriment des images et des symboles. C'est en prenant conscience de l'importance du symbole comme mode de communication dans un monde pré-logique que nous serons à même de mieux comprendre l'idée de justice en Egypte. Nous pourrons alors former à l'aide des images et des textes qui ont été retrouvés, une image enfin précise, utile pour l'Internet et unifiée de la justice dans le monde égyptien antique. Les Egyptiens ont été qualifiés d'êtres "pré-logiques", "simples"[297] "pré-philosophiques", ou "pré-classiques" par opposition à la pensée de l'âge axial[298] qui voit son essor dans la philosophie rationnelle de la Grèce antique. L'égyptologue Jean YOYOTTE[299] dans un article intitulé "La pensée préphilosophique en Egypte" rejoint l'opinion commune en égyptologie et en Histoire des Religions. Il démontre, en effet, qu'il n'existe pas dans l'Egypte antique de système philosophique rationnellement organisé comme ce fut le cas en Grèce.[300] Cet auteur souligne, par ailleurs, l'absence d'une logique juridique comparable à notre logique juridique moderne.[301] Il suffit de jeter un coup d'oeil à leur écriture hiéroglyphique qui fait preuve de tellement d'imagination, et même d'humour, dans la représentation symbolique de la réalité concrète, pour comprendre à quel point notre rationalité logique, plutôt froide et abstraite, leur était assez étrangère. Dans un monde pictural coloré, fantaisiste et vivant, nous pouvons voir des serpents avec des pattes, des yeux avec des ailes ou munis de deux jambes pour indiquer le mouvement.[302] Sans oublier les oiseaux colorés de l'écriture égyptienne, plus de quatre-vingts formes différentes à l'époque pré-ptolémaïque, selon Monsieur Erik HORNUNG, qui écrit:

"les auteurs du Moyen-âge parlaient de l''écriture des oiseaux' lorsqu'ils évoquaient les hiéroglyphes".[303]

L'Egypte ancienne communiquait préférablement par des symboles[304] qu'elle estimait chargés d'un potentiel vital,[305] à un point tel qu'à partir d'une certaine époque, allant jusqu'au bout de cette logique, il était coutumier, sur les murs des tombeaux, de mutiler les dessins représentant des animaux et des hommes, pour éviter qu'ils ne se retournent contre le défunt.[306] Les dessins, comme le souligne Monsieur Erik IVERSEN[307] étaient d'abord des "choses vivantes, transmettant des messages et ayant des buts magiques, ce n'est que secondairement qu'ils servaient à des fins décoratives". D'une manière plus générale, à propos des représentations artistiques égyptiennes Monsieur Erik IVERSEN souligne leur caractère avant tout de message visuel et non de message verbal.[308] L'âge axial nous a entraînés à lire les signes sur un mode rationnel. Il semble avoir endormi chez beaucoup d'entre nous la faculté de comprendre les symboles. Même, nos propres symboles oniriques sont tellement étranges, irrationnels et incompréhensibles que généralement, nous ne nous y attardons pas. Comme l'observe Madame Beatrice L. GOFF, le symbole à la différence du signe signifie beaucoup plus que ce qu'il représente et se rapporte à des éléments tels que des idées, des émotions des intuitions et des expériences.[309] Nous pouvons dire, en d'autres termes, que le symbole, pour qui sait encore le percevoir, est un concentré d'informations.[310] Il ne nous paraît donc pas étonnant que les anciens Egyptiens qui étaient très pragmatiques, mais aussi, pré-logiques aient privilégié le symbole comme mode de transmission de connaissances secrètes. En effet, une autre qualité du symbole réside en ce qu'il permet une communication à de multiples niveaux. Ceux-ci sont accessibles à chacun selon, d'une part, son degré de perception liée à la sensibilité aux émotions, aux intuitions et, d'autre part, en fonction de sa capacité à ne pas projeter ses *a-priori*. Ce sont principalement ces préjugés qui empêchent l'image de lui parler et de lui communiquer ses messages. Cette faculté de ne pas projeter son époque avec ses préjugés et ses raisonnements de l'âge axial, c'est le silence intérieur[311] qui doit s'emplir de la signification du symbole. C'est ce nécessaire silence mental qui fait cruellement défaut aux hommes de notre époque, surtout ceux cultivés et érudits tels les égyptologues et historiens des religions. Au lieu de regarder réellement l'image dite de la psychostasie, ils se sont laissés complètement absorber par la "magie" des textes funéraires. En l'occurrence, ces derniers ne sont pas, comme nous allons le voir, des sources fiables pour comprendre le symbole de la scène dite du "jugement des morts" et à travers elle la signification du principe de la Maât. En plus de notre fixation moderne sur les textes, nous avons encore un autre défaut qui nous empêche de percevoir de manière adéquate la civilisation égyptienne. En effet, nous faisons preuve de très peu d'ouverture d'esprit lorsque nous imaginons que seul notre monde moderne possède des connaissances scientifiques et que le seul langage scientifique valable est celui que nous utilisons. Pourtant, des égyptologues ont émis l'hypothèse que les Egyptiens utilisaient les symboles comme mode de communication scientifique.[312]

Section 2: Science et langage symbolique en Egypte

Maât, en égyptologie, est traduite par Vérité, justice, ordre, lumière, nourriture des dieux, etc... et comme le dit Monsieur Jan ASSMANN[313] la paraphrase ou l'énumération pourrait s'allonger jusqu'à former un livre entier. Nous aurions beau, pourtant, trouver la définition exacte de Maât, que cela ne nous avancerait pas beaucoup. Ce qui compte ce n'est pas tant de définir Maât dans une exacte abstraction, mais au contraire d'en saisir le mode de fonctionnement concret. Cette compréhension nécessite que nous envisagions l'Egypte antique, et l'image de la psychostasie, avec une approche scientifique, plutôt qu'une approche éthique, religieuse ou simplement descriptive à la manière archéologique. Seule cette approche permet d'unifier toute la multiplicité des facettes de Maât qu'ont perçues les égyptologues et historiens des religions. La simplicité, pourtant scientifique, de l'image de la psychostasie, défie et résiste à toute approche rationnelle classique, pour la bonne raison que les connaissances égyptiennes étaient formulées dans un langage symbolique auquel nous ne prêtons de nos jours aucun caractère de sérieux. Pourtant, certains égyptologues et historiens des religions se sont déjà questionnés sur la nécessité d'une éventuelle approche scientifique de la civilisation égyptienne. Ils ont souligné le caractère scientifique de certains éléments de la civilisation égyptienne. Siegfried MORENZ estime que l'Egypte recèle une écriture scientifique mythique et que dans cette civilisation, science et religion s'interpénètrent, et que sans être rationnels à notre façon, les Egyptiens anciens exposaient dans un langage mythique leurs connaissances scientifiques,[314] qui de ce fait ont toujours appartenu, à son sens, à la sphère du religieux. En d'autres termes, pour l'auteur, la science était matière religieuse. Cet avis n'est pas partagé par Monsieur Philippe DERCHAIN. Cet auteur, auquel on doit une excellente traduction du Papyrus Salt[315] sur le rituel pour la conservation de la vie dans l'Egypte ptolémaïque, a très nettement mis en lumière le caractère scientifique de ce que nous avons tort, à son sens, de considérer comme la "religion" égyptienne. L'auteur estime ainsi qu'il suit, et il rejoint en cela Alexandre PIANKOFF[316] qu'il cite qu'il n'y aurait pas de religion en Egypte, mais une physique:

"On ne peut guère alors parler de religion au sens moderne du mot, mais bien plutôt d'une cosmologie, d'une physique véritable, à laquelle personne n'échappait ni ne pouvait échapper, pas plus qu'on n'échappe de nos jours aux lois de la thermodynamique".[317]

Il en conclut que:

"Si c'est une physique, nous devons nous représenter la religion égyptienne non comme un ensemble de dogmes que l'on peut accepter ou rejeter par un acte d'adhésion personnelle..., mais comme un corps de lois constituant un système psychologique et philosophique aussi pratique et nécessaire que le sont pour nous aujourd'hui les sciences exactes".[318]

C'est aussi chez cet auteur qu'on trouve l'approche énergétique la plus poussée de la civilisation égyptienne. Allant plus loin que de nombreux autres auteurs, il n'hésite[319] pas à "presque comparer", rejoignant en cela Serge SAUNERON,[320] le temple égyptien à une centrale électrique. Il écrit:

"On pourrait presque comparer le temple égyptien à une centrale où des énergies diverses sont converties en courant électrique ou plus exactement à la salle des appareils de contrôle de cette centrale, d'où, par de très petits efforts-ceux des techniciens qui manoeuvrent les commutateurs - on assure la production et la distribution de l'énergie, selon les besoins, mais uniquement par les voies qui ont été conduites d'avance, et qu'on ne peut modifier par un simple jeu d'interrupteurs."

Monsieur Jean-Claude GOYON avait, lui aussi, dans un autre contexte souligné le rôle de réceptacle des temples:

"Selon ces conceptions, un temple de culte au Nouvel Empire s'avère être autant un espace fonctionnellement réparti et aménagé pour les liturgies qu'un réceptacle sacré pour l'entretien de la présence réelle et de la vie divine."[321]

Mais, Monsieur Philippe DERCHAIN va jusqu'au bout de la logique énergétique du temple en expliquant aussi comment les dieux Egyptiens, apparaissent comme des points d'émergence[322] de forces naturelles, stimulés à l'aide des rituels.[323] Les dieux, par exemple, doivent être régulièrement rechargés dans les temples.[324]

Nous ne pouvons nier l'évidence de l'intérêt manifesté par l'Egypte antique pour l'aspect énergétique du cosmos et du groupe humain, essentiellement sous forme d'énergie solaire (Maât). L'Egypte antique, comme nous le dévoile une observation attentive de la scène de la psychostasie s'intéressait aux lois de circulation de l'énergie solaire, aussi bien dans le cosmos que dans le groupe humain. Pourtant, comme à peu près tout ce que nous possédons d'informations sur l'Egypte, cette connaissance est comme recouverte d'un fatras de superstition et de magie dont il convient de l'extraire judicieusement, si nous voulons pouvoir utiliser à notre tour, avec efficacité, et notamment pour l'Internet, les enseignements de l'Egypte antique. Par exemple, si nous partageons l'avis de Monsieur Philippe DERCHAIN, selon lequel on pourrait presque comparer le temple égyptien à une centrale électrique, nous dirions énergétique; nous ne pouvons en revanche classer l'entièreté des rituels parmi la physique égyptienne. De nombreux éléments étrangers à la physique initiale se sont déposés comme des sédiments au fil du temps et au gré des pouvoirs religieux en place. Comment reconnaître les connaissances scientifiques égyptiennes, par exemple, à travers la description suivante du culte journalier que fait Monsieur Jean-Claude GOYON ?[325]

"Le culte, matériellement, en ce qu'il avait de quotidien, était calqué sur le service d'un humain de haut rang, d'un roi. La statue, comme un mortel, se voyait nourrie, vêtue, parée, ointe. Chaque heure de chaque jour prévue par le rituel voyait s'accomplir les services: après la phase du réveil et de la toilette, prenaient rang les trois présentations des repas. A chaque entrée du service, tout était purifié par les libations et les fumigations parfumées, dans le souci constant de la pureté des lieux et des offrandes ou des gestes. Une savante liturgie du verbe accompagnait immuablement les actes matériels."

En effet, ce rituel ainsi décrit par l'auteur a, par de nombreux détails, estompé l'objectif scientifique énergétique à partir duquel il s'est probablement formé puis déformé. Il y a un tel contraste entre la connaissance égyptienne de la circulation de l'énergie solaire, son intérêt pour le côté immatériel de la vie et la rigidité des rituels, qu'il nous apparaît évident que le rituel de la conservation de la vie[326] ne contient plus qu'un mince souvenir, très largement galvaudé, de ce que fut la véritable science physique égyptienne. Si l'on en croit Monsieur Philippe DERCHAIN, le but du rituel du papyrus SALT, dont il fallait suivre les prescriptions à la lettre était le suivant:

"Ces rites avaient pour effet, nous enseigne encore le papyrus, de maintenir l'ordre cosmique et sa continuité. Grâce à eux, le ciel ne tomberait pas sur la terre, le soleil continuerait sa course au ciel, le Nil ne se dessécherait pas. Autant de catastrophes qui n'auraient pas manqué de se produire si l'on avait omis d'observer les prescriptions du texte."[327]

Nous pensons que ce qu'il convient de retenir c'est essentiellement l'aspect énergétique de la justice égyptienne. A travers la permanence de ce concept central tout au long de la civilisation égyptienne, c'est l'intérêt pour le côté immatériel de la vie: l'énergie humaine et cosmique qui transparaît. Un tel concept de justice énergétique ne pouvait être perçu dans son principe de fonctionnement et traduit de manière simple dans un langage moderne issu d'une mentalité entièrement orientée vers l'aspect matériel de l'existence. Quoi de commun en effet entre une justice de l'immatériel et une justice de la matière ? Le but de la justice égyptienne est de rétablir la circulation correcte de l'énergie solaire, qui existe en abondance. Par ce moyen sont créés: l'abondance, la prospérité et la santé de tous (le soleil brille pour tout le monde). Quant à la justice du monde matériel, elle attribue, à chacun le sien et veille au bon partage. Elle ne se soucie pas de la création de l'abondance, mais de la gestion de ce qui existe déjà. Ce n'est que relativement récemment que le psychologue bien connu Karl Gustav JUNG parlait de "l'énergétique psychique"[328] alors qu'il ressort de toutes les connaissances jusqu'ici accumulées sur l'Egypte antique, que les Egyptiens étaient centrés sur l'aspect énergétique de l'existence,[329] tant au plan terrestre qu'au plan cosmique. Or cet aspect de la vie échappe en grande partie à notre monde axial.

Il n'est donc pas étonnant qu'en regardant la civilisation égyptienne à partir de la lorgnette de notre monde axé sur l'existence matérielle, on ne puisse accéder aux messages scientifiques contenus dans certains vestiges de la civilisation égyptienne et très particulièrement dans la scène dite de la "psychostasie". Il faudrait pour cela montrer un plus grand intérêt pour l'énergie vitale, pour la Vie, une grande oubliée de notre philosophie moderne de la justice et du droit. C'est pourtant par une approche énergétique du concept de Maât qu'il est possible de comprendre beaucoup mieux la mentalité égyptienne. Maât, étant un concept-clef de la civilisation égyptienne, l'élucider, permet de comprendre beaucoup plus facilement de nombreux aspects de cette civilisation restés assez flous ou incompris.

CHAPITRE 3

UNE APPROCHE PLUS REALISTE DE LA SCENE METTANT EN OEUVRE LA JUSTICE EGYPTIENNE

Avant de voir comment la scène de la psychostasie a été appréhendée par les égyptologues et historiens des religions, il convient de présenter *le Livre des Morts des Anciens Egyptiens*, car c'est principalement à travers cette littérature mortuaire que cette représentation de la justice en action est parvenue jusqu'à nous. Du fait de ce contexte, la scène de la psychostasie a surtout été prise en considération dans le cadre de l'après-vie, mais n'a pas retenu toute l'attention qu'elle méritait pour la compréhension du concept de Maât.

Section 1: Qu'est-ce que le *Livre des morts des anciens Egyptiens* ?

Le Livre des Morts des Anciens Egyptiens n'est pas, comme son intitulé pourrait le faire croire, un livre unique. C'est le nom qui a été attribué, par les spécialistes, à une littérature funéraire composée de textes épars. Tous ces textes ont été rassemblés dans une version quasi exhaustive, datant de la Basse Epoque, et qui a été divisée en Chapitres. Le titre égyptien du même ouvrage est selon Madame Claire LALOUETTE: "Formules pour monter dans le jour".[330] Selon l'égyptologue Guy RACHET, c'est le nom de "rituel funéraire" qui avait initialement été choisi par CHAMPOLLION pour l'édition d'un de ces textes funéraires. L'auteur nous informe, en ces termes, sur l'origine du Livre des Morts des anciens Egyptiens et sur sa division en chapitres:

".. l'égyptologue allemand Karl Richard LEPSIUS (1810-1884) en fit une édition d'après un papyrus de Turin, daté de l'époque des Ptolémées, comportant 165 formules, auquel il donna le nom de Todtenbuch (Livre des Morts), qui lui est resté. Dans son édition, chaque formule correspondait à un chapitre: depuis, titre et division en chapitre ont été repris par tous les éditeurs et traducteurs de ces textes...".[331]

L'auteur souligne, en outre, le caractère arbitraire de la division en Chapitres du Livre des Morts des Anciens Egyptiens.

Quant à Monsieur Jean YOYOTTE, il considère que "Les Livres des Morts sont des recueils d'incantations indépendantes...".[332] Selon ce même auteur, c'est simultanément au chapitre 30 sur le coeur, et au Chapitre 125 sur la déclaration d'innocence qu'était, au début, associée l'image, qui nous intéresse, représentant la scène de la "psychostasie". Alors qu'on ne la retrouve plus qu'au Chapitre 125 dans les versions les plus tardives du Livre des Morts, où la scène de la pesée du coeur et celle du jugement auraient fusionné.[333] D'un livre à l'autre, La scène de la "psychostasie", présente de nombreuses variantes, et Monsieur Jean YOYOTTE souligne le caractère composite de cette scène[334] dans les versions les plus récentes de ce livre. Malgré les nombreuses traductions des *Livres des Morts des Anciens Egyptiens*, qui ont été effectuées par des autorités en la matière, ces textes demeurent parfois très obscurs. Ils sont très largement teintés d'une magie qui doit permettre au défunt un passage réussi vers l'autre monde. Ceci malgré les différents obstacles qui se dressent sur son chemin. Au fil de la longue histoire de l'Egypte, ces obstacles comme le note Henri FRANKFORT, sous l'effet de la peur,[335] tendent à devenir de plus en plus nombreux et terrifiants. Les formules magiques contenues au Chapitre 125 servent à faire déclarer l'innocence du défunt, apparemment quelle qu'ait été sa conduite morale. Le Chapitre 30 est intitulé: "Formules pour faire que le coeur d'un homme ne s'oppose pas à lui dans le monde souterrain". La magie, qui efface les manquements à la morale des époques auxquelles furent rédigés les livres, est tellement présente dans ces textes que les Egyptiens anciens pourraient facilement être taxés de pharisaïsme comme le signale Etienne DRIOTON, qui, tout en faisant référence aux textes de sagesse, estime cependant que *le Livre des Morts des Anciens Egyptiens* ne traduisait pas la mentalité de l'ensemble de la population égyptienne.[336] Les nombreuses formules magiques du *Livre des Morts des Anciens Egyptiens*, associées au caractère composite de cet ouvrage, à la non-concordance quelquefois notée entre le texte et des détails des vignettes,[337] au fait que la scène de la "psychostasie" a été simultanément associée au chapitre 30 sur le coeur et au Chapitre 125 sur la déclaration d'innocence,[338] font du Livre des Morts des Anciens Egyptiens une référence textuelle peu fiable, comme l'admettent généralement les égyptologues et historiens des Religions.

Pourtant, en dépit du peu de crédit généralement accordé à cette littérature magico-funéraire et en particulier au chapitre 125 du Livre des Morts, les égyptologues et historiens des Religions ne sont jamais parvenus à regarder ou à décrire la scène de la "psychostasie" en s'abstenant de se référer au Chapitre 125 et aux idées de tribunal, de punition, de péché, etc... qu'il véhicule. Même Monsieur Jean YOYOTTE, auquel nous devons l'étude la plus approfondie sur le "Jugement des morts" n'échappe pas à cette constatation, alors qu'il a émis la très intéressante hypothèse à propos de laquelle nous parlerons ci-après. La recherche de l'auteur étant plus historique que philosophique, et principalement axée sur la détermination de la période d'apparition en Egypte de l'idée du Jugement de Dieu, il n'a pas pu pour ces raisons, tirer toutes les conséquences de son hypothèse. En se basant sur les plus anciennes représentations de la "psychostasie" et sur le Chapitre 30B, il suppose, en effet, que la scène de la pesée du coeur" était à l'origine distincte de la scène du tribunal, les deux scènes auraient été fondues en une seule, au cours de l'histoire.[339] En raison de son caractère composite, et de ses objectifs magiques, le *Livre des Morts des Anciens Egyptiens* n'apparaît pas être le meilleur moyen de comprendre la scène de la psychostasie. Etant donné l'importance dans la mentalité égyptienne de la communication par les images et les symboles, il vaudrait mieux enfin regarder la scène dite de la "psychostasie" avec toute l'attention qu'elle mérite et avec un "regard aussi pré-logique" que possible. Pour les Egyptiens anciens le dessin et l'écriture étaient sacrés.[340] Les secrets qu'ils contenaient n'étaient pas divulgués aux profanes.[341] Les dessinateurs, loin de pouvoir se laisser aller à une liberté artistique, étaient contraints d'obéir à des règles strictes sous la supervision des prêtres.[342] Tenant compte de ces traits particuliers de la mentalité égyptienne, il importe d'accorder à l'image de la psychostasie toute l'attention qu'elle aurait dû mériter. C'est à travers la seule image, répétée à l'infini, de la Maât en action, qu'aura eu le plus de chance de parvenir intacte jusqu'à nous l'information la plus intéressante, la plus probable sur la Maât, la plus permanente. Celle aussi qui aura été la moins déformée, tant par les intérêts de la classe sacerdotale[343] et des magiciens, que par l'évolution des idées.

Comme nous l'avons déjà signalé, la représentation symbolique de la justice en action n'a pas été suffisamment exploitée par les chercheurs qui se sont principalement attachés à l'analyse de textes. Ces derniers les ont trop influencés et les ont empêchés de voir l'image de la psychostasie telle qu'elle est réellement. Comme exemples de démarche aux antipodes d'une attitude pré-logique, nous pouvons citer par exemple: Monsieur Jan ASSMANN, qui a réalisé des travaux très intéressants sur le concept de Maât et qui écrit au sujet de la méthode de travail qu'il a adoptée:

"Jusqu'ici on a toujours supposé qu'une étude approfondie de la Maât ne peut être fondée que sur une compilation exhaustive des références. Et comme il y a des milliers de références, personne ne s'est jamais chargé de cette étude. On a supposé de plus qu'il fallait partir de l'étymologie du mot et du sens de l'hiéroglyphe de Maât pour trouver le centre de sa signification. Mais tout cela n'a abouti à rien, parce que les Egyptiens semblent en avoir oublié l'étymologie......Je ne m'occuperai donc ni de l'étymologie ni de la graphie de Maât qui, à mon avis, appartiennent plutôt à la périphérie, mais des discours dans lesquels Maât est thématisée d'une façon centrale."[344] (Pourtant, et cela, très accessoirement, il décrira quand même la scène dite de la psychostasie).

Quant à Monsieur Jean YOYOTTE, c'est avec un esprit résolument scientifique qu'il s'attaque au concept de Maât. Il écrit:

"La question de Maât méritera d'être éclaircie, dans toutes ses incidences, par une étude statistique des sources, en tenant compte des époques et des contextes".[345]

L'analyse des discours et l'utilisation des statistiques relèvent d'une attitude très moderne et très académique d'accès à des informations. Elle ignore superbement toutes les autres facultés dont dispose le cerveau humain pour accéder à des informations. Bien que cette méthode d'investigation ait pu produire des résultats très appréciables en égyptologie; il est tout à fait dommage, qu'aussi bien les égyptologues que les historiens des religions n'aient pas assez observé les images et notamment la scène dite de la "psychostasie". Pourtant, c'est à travers les images, qu'elles soient gravées dans la pierre ou peintes sur les papyri, que l'Egypte nous a transmis ses messages les plus permanents. C'est aussi grâce à l'image que notre cerveau, trop imbibé de rationalité lorsqu'il étudie les textes, aurait le plus de chances de rompre avec ses habitudes intellectuelles de l'âge axial, trop profondément ancrées. L'image en court-circuitant la quasi -obligatoire rationalité du monde moderne, est un moyen qui devrait permettre de retrouver une certaine spontanéité, plus proche de l'esprit "pré-logique" de l'Egyptien ancien. Mais, comme nous le verrons ci-dessous à travers les descriptions de la "psychostasie" réalisées par les égyptologues et historiens des Religions, il est extrêmement difficile pour nos cerveaux modernes d'échapper à l'emprise de l'écrit pour pouvoir percevoir tout le message véhiculé par une image chargée de symboles. Même Monsieur Erik HORNUNG, bien qu'il plaide pour une plus grande prise en considération de l'image en égyptologie, n'échappe pas à ce travers d'une modernité trop intellectuelle et pas assez sensible. Dans le premier chapitre de son ouvrage: *L'Esprit du temps des Pharaons*, Monsieur Erik HORNUNG considère que l'image (hiéroglyphique ou non) au même titre que le mot est une clef de compréhension du monde égyptien.[346] Il montre comment les couleurs utilisées dans les images et dans les hiéroglyphes ont chacune leur signification particulière. Il écrit[347]: "... les hiéroglyphes ne sont pas de pures graphies, ils reflètent aussi la réalité et participent à ses couleurs." et plus loin[348]: "La couleur exprime quelque aspect de l'essence des choses, elle peut même être employée dans la langue égyptienne comme synonyme d''essence' ou de 'caractère'." L'auteur déplore à propos des discussions concernant Ramsès II, le "peu de considération dans lequel on tient ce qu'exprime l'iconographie lorsque l'on étudie l'Egypte ancienne".[349] Il conclut que: "Pour dévoiler l'univers spirituel de l'Egypte, il ne suffit pas de lire et de comprendre les textes, il faut encore décrypter les images".[350]

Sa remarquable prise de conscience de l'importance de l'iconographie égyptienne ne transparaît malheureusement pas dans son étude sur la Maât.[351] Comme de nombreux autres auteurs, il n'a pas assez regardé la scène dite du "jugement des morts". Il s'est, au contraire, contenté, comme les autres, d'une description très sommaire et fortement inspirée des textes du *Livre des Morts des Anciens Egyptiens*.

Section 2: La scène de la psychostasie décrite par des égyptologues et des historiens des religions

(Croquis réalisé par l'auteur d'après le papyrus de Hunefer. L'image en couleur est accessible sur les sites suivants: www.siloam.net/rostau/ newgiza/entrance.html; www.guardians.net/hawass/ tomb_of_iuf-aa.htm; http://web.ukonline.co.uk/gavin.egypt.)

Voici comment la scène qui nous intéresse a été décrite par les égyptologues et historiens des religions sous la dénomination "le jugement des morts".

§ 1: La description d'Alexandre MORET

C'est essentiellement sous la forme d'un Tribunal qu'Alexandre MORET évoque la scène dite "du jugement des morts" lorsqu'il écrit dans son ouvrage *le Nil et la civilisation égyptienne:*

"Depuis la XVIIIe dynastie, nous retrouvons en des papyrus, déposés sur chaque cadavre, les chapitres de ce que nous appelons le "livre des morts": ils préparent le défunt à passer devant le tribunal de Râ (qui deviendra plus tard le tribunal d'Osiris), où la Balance du dieu pèsera sa conscience et ses actions. Ainsi, chacun possède les rituels nécessaires pour entrer dans la vie divine."[352]

Dans son article consacré à "La doctrine de Maât",[353] l'auteur se base sur les textes et n'y décrit pas du tout la scène de la psychostasie. C'est dans un article, plus spécifique sur le jugement des morts,[354] que l'auteur donne la description suivante de ce jugement:

"Dans le domaine des morts, il y avait une salle de la Double Justice où le défunt passait en jugement devant un tribunal composé de 42 divinités et d'un juge suprême, Osiris. L'intérêt de tous se concentrait autour d'une balance divine dont le dieu Thot surveillait la pesée. Dans un des plateaux, était le coeur du défunt, c'est-à-dire sa conscience, lourde ou légère de fautes; dans l'autre plateau, on plaçait la Vérité, sous forme d'une statuette de la déesse Mâit, ou d'une plume (dessin de la plume), hiéroglyphe de la déesse. Il fallait que le poids du coeur fit équilibre au poids de la Vérité: alors la justification que le défunt faisait de sa conduite était tenue pour véridique. Thot et Osiris vérifiaient si l'aiguille de la balance (ou plutôt le fil à plomb qui en tenait lieu) marquait l'équilibre nécessaire, et, ce résultat constaté, prononçaient l'admission du défunt au paradis. Dans le cas contraire, c'était aux supplices infernaux qu'était voué le défunt. Tel est le jugement des morts type."

§ 2: La description de Siegfried. MORENZ

Dans son ouvrage *Egyptian Religion*, Siegfried MORENZ[355] s'interroge sur le concept de Maât. Dans le cadre de cette recherche, il parle de la scène du "jugement des morts" et souligne le fait que Maât est la "mesure par laquelle on juge l'homme".[356] Il explique qu'en raison, d'une part du caractère magique des textes du chapitre 125 du Livre des Morts des Anciens Egyptiens,[357] et d'autre part, en raison du fait que ces textes ne font aucune allusion à une véritable audition du défunt,[358] il s'est fondé sur la vignette dite du "jugement des morts" pour cerner le concept de Maât. Il décrit cette vignette comme une scène de tribunal chargé de juger le défunt d'un point de vue éthique. Voici sa description de la vignette qui accompagne le chapitre 125 du Livre des Morts des Anciens Egyptiens:

"Ici les vignettes qui accompagnent le texte (et dont les détails varient) montrent que le coeur du défunt, censé être le siège de l'intelligence et de la volonté ainsi que le centre vital du corps physique, est pesé sur la balance en face du symbole de Maât (habituellement représentée par une plume). Maât sert de standard éthique. Anubis... est le maître de la balance, et contrôle le plomb, le scribe Thoth note le verdict et l'annonce. Si le jugement est défavorable, le pécheur dévient la proie de la 'dévoreuse'... un monstre hybride...".[359]

Nous voyons très nettement que l'auteur n'a pas porté un regard neutre et attentif sur cette scène. Il a simplement projeté sur elle des notions d'éthique, de péché et de tribunal, qui comme nous le verrons ultérieurement ne s'y trouvent pas. S'il a le mérite de dire qu'il convient de se fonder davantage sur les images, en l'occurrence plus fiables, que les textes essentiellement magiques, il ne regarde pas vraiment ces images et se laisse beaucoup trop influencer par ces textes. Seraient-ils vraiment magiques ?

§ 3: La description d'Etienne DRIOTON

Dans un article intitulé: "Le jugement des âmes dans l'Egypte ancienne",[360] l'auteur décrit ainsi qu'il suit la scène de la "psychostasie":

"Dans les vignettes les plus détaillées, Osiris siège au fond d'une salle sous un baldaquin royal à colonnes, assisté d'Isis et de Nephthys et entouré de quarante-deux assesseurs.[361] A l'autre extrémité du hall, le défunt est introduit par Anubis à tête de chacal, le psychopompe ou conducteur des âmes. Une balance est dressée au centre de la salle. Le coeur du défunt est représenté posé sur l'un des plateaux, et sur l'autre une image ou un symbole de la déesse-Justice Mäet. Anubis surveille le peson, et Thot à tête d'ibis inscrit le résultat sur sa palette. Un monstre à l'allure d'hippopotame, la Dévorante, accroupi auprès de la balance, attend que le damné lui soit livré en pâture. Le Justifié, lui, passe outre et s'avance vers Osiris sous la conduite d'Horus."

et il enchaîne en affirmant que:

"Le texte qui accompagne cette scène en fait pénétrer plus profondément le sens."

§ 4: La description de Monsieur Jean YOYOTTE

C'est à Monsieur Jean YOYOTTE que nous devons l'article le plus détaillé sur le thème du jugement des morts[362] dans lequel il tente, notamment, d'élucider la question de savoir quand et comment est apparue l'idée d'un jugement des défunts par Dieu. Il donne la description suivante, intitulée "Le drame de la pesée du coeur":

"Le défunt s'avance, légèrement courbé, comme ceux qui, ici-bas, comparaissent en l'office du grand juge.... Le coeur du mort est posé sur un plateau de la balance; sur l'autre se dresse la légère Maât, que l'imagerie symbolise par une plume, par une mignonne idole ou par un oeil. Le préposé à la balance, Anubis, 'lève le bras', pour arrêter au plus vite le balancement du peson et l'oscillation du fléau. L'équilibre est atteint: le dieu-chien fait signe à Thot. Tantôt singe, tantôt homme à tête d'ibis, le dieu scribe prend sa palette afin de noter le verdict de l'instrument. La "grande Mangeuse" se dresse sur sa natte: campée sur ses maigres pattes de lion, traînant son postérieur pataud de pachyderme, elle tourne avidement son museau de saurien vers le greffier...."

Après avoir décrit cette scène, en apportant de nombreuses précisions sur les divinités présentes, l'auteur enchaîne sur la récitation du chapitre 30 du Livre des Morts des anciens Egyptiens faite par le défunt.

112

§ 5: La description de Monsieur Jan ASSMANN

L'ouvrage[363] de Monsieur Jan ASSMANN est le titre le plus récent consacré à une étude exhaustive et approfondie du concept de Maât et de son rôle dans la société égyptienne. C'est dans le chapitre consacré à la survie et à l'immortalité que Monsieur Jan ASSMANN décrit la scène du jugement des morts en s'aidant des textes du Livre des Morts des Anciens Egyptiens. Il met en valeur l'idée d'une "transition d'un monde à l'autre"[364] à travers le "jugement des morts" et estime que "la conceptualisation de ce passage [du Ba[365]] prend la forme judiciaire d'un tribunal divin".[366] Il explique comment le "ba" représenté sous forme d'un oiseau "est étroitement lié à la notion de transition entre deux mondes. C'est pourquoi il est symbolisé par un oiseau: l'oiseau qui s'envole effectue la transition entre la terre et le ciel". et il conclut que "Le Ba est un terme 'liminal'; il symbolise la transition entre le visible et l'invisible".[367] L'auteur estime que:

"La catégorie abstraite de liminalité se traduit par les formes concrètes des images, des symboles et des rites de passage. Et c'est exactement ce dont il s'agit avec le jugement des morts".[368]

Il se base principalement sur "la forme définitive" des chapitres 30 et 125 du Livre des Morts des Anciens Egyptiens sous le Nouvel Empire (c'est-à-dire les textes les plus récents, empreints de magie et où à notre avis le concept de Maât s'est fortement dégradé). L'auteur explique d'ailleurs que le concept de Maât "s'est élargi vers une morale professionnelle sacerdotale. La notion de tabou divin joue un rôle majeur..." et ne décrit que très brièvement la vignette qui les accompagne généralement désignée: comme scène du jugement des Morts.

Il estime que le "jugement des morts" est un "rite d'initiation d'après le modèle de l'initiation sacerdotale..."[369] et "..qu'il s'agit aussi bien de juger que de purifier le défunt, de le 'séparer de ses péchés' comme l'exprime le titre du chapitre 125".[370] C'est en ces termes qu'il évoque brièvement la description de la scène:

"C'est le coeur qui est pesé sur la balance contre le symbole de la Maât, la plume sur le deuxième plateau. La plume étant la matière la plus légère, tout dépend donc de la légèreté du coeur. L'équilibre parfait est le meilleur résultat; les péchés alourdissent le coeur. Tandis que le coeur est pesé sur la balance, le Ba de l'homme se dresse en témoin. Anubis manie la balance, Thoth note le résultat. A côté se dresse la 'grande mangeuse', un monstre qui, en cas de déséquilibre, est chargé de l'élimination du coupable".[371]

§ 6: La description de Monsieur Erik HORNUNG

Monsieur Eric HORNUNG aborde la scène dite du "jugement des morts" dans son chapitre sur la magie et estime que cette scène a un objectif magique. Il parle d'un "tribunal de droit divin"[372] et écrit à propos de la "scène du jugement des morts":

"On espère aussi un effet magique de la représentation d'autres scènes, en particulier de celle du jugement des morts. Elle trouve sa forme définitive, vers le milieu de la XVIIIe dynastie, avec la comparution du défunt devant Osiris trônant en qualité de juge et la pesée du coeur du défunt sur une balance dont l'autre plateau est chargé d'une plume, signe qui évoque Mâat dont le concept est celui de la justice... Après l'époque armanienne, on y ajoutera encore l'image de la 'Dévorante' incarnant la gueule de l'enfer."[373]

L'auteur ne regarde pas vraiment l'image et se base beaucoup plus sur les textes que sur l'image sur laquelle il projette, comme tant d'autres, des idées préconçues ou le contenu du Chapitre 125 du Livre des Morts des Anciens Egyptiens. C'est une attitude dont nous ferons à présent la critique avant d'adopter une démarche plus adéquate.

Section 3: Un vrai regard sur l'image

§ 1: Critique des descriptions précédentes

Les titres donnés à la représentation, à savoir "le jugement des morts" ou "la psychostasie" ou encore "la pesée du coeur" rétrécissent déjà le champs de la réflexion. En effet, les titres donnés à la scène, programment le cerveau à se focaliser sur l'idée de jugement et sur l'idée de mort ou sur l'idée éthique de mesure des âmes. Pourtant, si nous regardons bien l'image, nous voyons qu'il n'y a pas de jugement au sens moderne du terme. Quant au mort, il y est représenté bien vivant. Il s'agit d'une scène de vie, de la représentation d'un processus vital, comme nous le verrons ultérieurement plus en détail, et non d'un jugement des morts.

Ensuite une importante erreur consiste à projeter sur la notion de coeur notre conception de la conscience, de la pureté et de l'éthique, qui assurément n'apparaît pas du tout dans les dessins.[374] Une telle conception éthique est déjà trop abstraite par rapport à la mentalité très concrète des Egyptiens anciens. Ce n'est qu'un transfert de la part des observateurs. Il y a autour de la notion de coeur, comme nous le verrons plus loin, quelque chose de bien plus fondamental et beaucoup plus concret à observer. Par ailleurs, en ce qui concerne l'idée que la balance servirait à "la pesée du coeur ", il faut noter que cette interprétation est très moderne et procède d'une vision très matérialiste du symbole de la balance. Comment peut-on comprendre à partir de cet angle matérialiste l'expression égyptienne[375]: "Tu dois être comme une balance" ? Dans la mesure où la balance a été à travers les âges et les cultures un instrument de commerce servant à peser, nous avons transféré sur cette scène l'idée d'une pesée et avons complètement oublié l'idée d'échange qu'elle implique depuis toujours. Avant d'être devenue un instrument propre à faciliter les échanges commerciaux, la balance a d'abord été le symbole cosmique par excellence: celui de la circulation des énergies cosmiques. Un texte égyptien[376] ne demande-t-il pas à l'homme de ne pas mentir, d'être une balance ? Ce n'est pas à la lumière de la fonction matérielle de pesée que nous pouvons comprendre cette littérature égyptienne. Elle prend tout son sens, si nous abandonnons notre vision moderne et matérialiste du symbole de la balance. De toutes manières, si nous regardons bien l'image, nous sommes bien contraints d'admettre qu'il ne s'agit pas d'une pesée, l'essentiel du message est loin de la pesée et beaucoup plus proche de l'échange. Regardons donc la scène que nous préférons appeler la "justice en action". Laissons-la parler. N'y projetons pas tous nos préjugés et surtout ne nous laissons pas influencer par la littérature magique avec laquelle elle est parvenue jusqu'à nous. Henri FRANKFORT met en garde contre cette littérature[377] en expliquant en ces termes, comment toute la littérature funéraire égyptienne est marquée par la peur de la mort.[378]

L'auteur critique, par ailleurs les égyptologues qui ont cru pouvoir déduire du jugement des morts les préoccupations éthiques des anciens Egyptiens. Selon Henri FRANKFORT, cette littérature funéraire ne devrait pas être prise en si haute considération et ne devrait pas être mise sur le même plan que la préoccupation égyptienne pour la justice.[379] Il fait la comparaison suivante, pleine de bon sens:

"Il n'est pas étonnant que ceux qui abordent la religion égyptienne à partir de ces adaptations, et s'appuient sur les textes écrits à l'attention de la partie la moins évoluée de la population, concluent que les croyances égyptiennes concernant l'après-vie étaient dénuées de sens. Mais en faisant ainsi, ils agissent comme quelqu'un qui jugerait notre présente connaissance astronomique à travers l'étude des horoscopes publiés dans les journaux."[380]

En tenant compte des remarques très pertinentes d'Henri FRANKFORT, nous décrirons ci-après, l'une des représentations les plus célèbres de la scène de la psychostasie. Sans exclure toutefois la littérature funéraire, nous en tiendrons compte dans un second temps, à titre d'indice, notamment pour ce qui concerne tous les passages relatifs à la notion du coeur et à son fonctionnement chez les anciens Egyptiens.

§ 2: une réelle description de la scène

La scène que nous décrivons, ci-dessous, est celle qui figure dans une vignette du livre des morts d'HUNEFER qui a vécu aux environ de 1310 avant J.-C.. Cette scène est souvent reproduite entièrement ou partiellement dans les nombreux livres consacrés à l'Egypte et il est très facile pour tout lecteur d'y accéder.

Cette image nous montre un homme en robe blanche (c'est ainsi, disent les égyptologues, que les Egyptiens représentent le défunt après sa mort[381]) tenu par la main par un être à tête animale (il s'agit du Dieu Anubis[382]) portant une croix Ankh.[383] Ces deux personnages s'avancent vers une balance, dont la position centrale dans la représentation attire fortement le regard, et sur la description de laquelle nous reviendrons en détail. Sous la balance, nous voyons ensuite, le même Dieu Anubis, accroupi en train de régler la balance et un animal au corps disharmonieux et composite (appelé la "grande dévoreuse" ou la "grande mangeuse"[384]). Ce dernier tient son corps face au défunt qui arrive tandis que sa tête, seulement, tournée vers l'arrière regarde le défunt qui vient de passer. La double représentation du Dieu Anubis -d'abord debout conduisant le défunt par la main, puis accroupi, réglant le dispositif de la balance - et le mouvement vers l'arrière de la tête de la "grande dévoreuse" -qui regarde le défunt qui vient de passer - évoquent, de manière évidente, le mouvement, le passage, la circulation du défunt. La scène suggère un lien évident entre le principe d'équilibre et l'ouverture d'un passage pour le défunt vers la vie, et à contrario entre le déséquilibre et la fermeture du passage vers la vie, ce qui signifie une seconde mort. Un être à tête d'Ibis, le dieu Thot[385] note le résultat du "test de la balance", ce qui montre très clairement qu'il ne s'agit pas d'un jugement et que nous ne sommes pas dans un tribunal. La balance dit toujours la vérité sans qu'aucune autre intervention soit nécessaire. C'est une loi cosmique automatique et universelle qui est mise en oeuvre et ainsi représentée par cette image. Il est frappant, qu'au centre de la scène, ce soit la balance qui détermine toute la suite des événements. C'est par son action précise et mécanique, qui ne permet pas de tricherie,[386] que le passage vers une autre forme de vie sera ouvert à l'âme du défunt, ou qu'il sera fermé, ne lui laissant comme issue que la seconde mort. En ce sens, la balance est l'instrument de la vérité, et nous pouvons remarquer qu'elle est coiffée de la tête de Maât (ou dans d'autres représentations, seulement de sa plume). C'est un fonctionnement automatique des lois de la nature. Un autre être à tête d'oiseau[387] portant dans la main une croix Ankh symbole de vie ouvre par un signe de la main le chemin au défunt vers le dieu Osiris qui se tient sur son trône prêt à le recevoir.

Au centre de l'image: une balance, dont les deux plateaux sont en équilibre représente, sans conteste, la Maât en action. D'une part, en effet, dans le papyrus d'HUNEFER, c'est la déesse Maât qui, non seulement, coiffe la balance (la tête de la déesse apparaît au sommet de la balance), mais elle est aussi représentée, sur l'un des plateaux de la balance, sous forme de plume blanche. C'est ce thème central qui varie seulement par des détails minimes[388] qui est, à notre sens, le message le plus important et le plus utile à la compréhension du concept de Maât. Regardons donc de plus près, ce qui se trouve sur chaque plateau de la balance et réfléchissons à ce qui se passe réellement. Pour cela, essayons d'être aussi concrets et aussi proches de la nature que les anciens Egyptiens. Sur l'un des plateaux, nous voyons un vase représentant le coeur[389] du défunt; sur l'autre plateau est posée une plume blanche, qui représente Maât. Si nous regardons la scène de façon réaliste, il faut bien admettre:

-1° sur un plan purement concret: qu'une plume d'un côté et un coeur dans une urne de l'autre ne peuvent pas donner, en terme de pesée, pour résultat l'équilibre qui nous est montré.[390]

- 2° sur un plan abstrait: qu'un être humain ne peut pas faire le poids en face d'une déesse. Il ne peut donc pas s'agir d'une pesée, mais d'autre chose. La petitesse des objets posés sur les plateaux eu égard à la grande taille de la balance suggère que c'est le principe d'équilibre-notons bien qu'il s'agit d'un équilibre obtenu par le dispositif de la balance - qui est le message principal de la scène. Mais équilibre de quoi ? Et équilibre pourquoi ? Regardons à nouveau les plateaux: le coeur,[391] n'est-il pas tout d'abord, et ceci, très concrètement l'organe de la circulation. On sait combien les Egyptiens prisaient le concret[392] et sa représentation.[393] La plume, à son tour, évoque l'oiseau, qui peut voler du ciel vers la terre et de la terre vers le ciel, et symbolise ainsi la lumière ou l'énergie solaire.[394] Par sa légèreté, la plume symbolise une énergie immatérielle, par sa couleur blanche elle évoque la lumière solaire.[395] La plume, élément lié à l'oiseau qu'elle évoque, animal libre qui traverse les airs et voyage de la terre au ciel et du ciel à la terre, représente symboliquement l'énergie cosmique, qui tout comme l'oiseau circule librement sur terre et dans les airs. Cette énergie mise en balance avec le coeur implique que le coeur est lié à cette énergie. En effet, le coeur est l'organe relais qui capte la Maât et doit la faire circuler pour que l'équilibre, à la fois de l'homme (microcosme), et de l'univers (macrocosme) soit maintenu, et qu'à travers cet équilibre puisse se propager la vie. Par ailleurs, il faut noter que la présentation du coeur dans une urne suggère le caractère de récipient de cet organe, un récipient dans lequel on peut verser et à partir duquel on peut déverser. L'image, à condition de savoir vraiment la regarder, sans projeter des préjugés modernes, met en scène un principe cosmique figuré de manière à la fois très simple et très synthétique. Trop ancrés dans une approche matérialiste du monde, nous avons tendance à oublier que la balance[396] est d'abord le symbole de l'échange. En Egypte, il s'agit précisément du symbole cosmique de l'échange de la Mâat, c'est-à-dire de l'énergie solaire. L'Egypte ancienne semblait avoir une connaissance très précise du mode de circulation de l'énergie cosmique dont elle tirait de multiples applications, notamment au niveau de la justice. Les Egyptiens anciens prêtaient beaucoup d'attention au monde vivant et au fait que toute chose vivante dans l'univers et selon leurs termes jusqu'au moindre vermisseau participe à la circulation de l'énergie cosmique. On peut déduire d'une lecture appropriée de cette image que le coeur humain joue un rôle dans cette circulation énergétique, tant au plan terrestre qu'au plan cosmique. Cette déduction est, comme nous le verrons plus loin, nettement corroborée à la fois par le plus ancien texte de philosophie égyptienne qui ait été retrouvé (le Texte de Théologie Memphite), par de nombreux autres textes de sagesse, et aussi par des passages du Livre des Morts des Anciens Egyptiens, relatifs au fonctionnement du coeur en relation avec Maât.

En conclusion de l'observation attentive de cette représentation, nous pouvons affirmer les points suivants:

- 1°: le symbolisme central de la scène dite du "jugement des morts" ne laisse pas apparaître de considérations éthiques[397] (seules les confessions les laissent apparaître[398]).
- 2°: C'est au contraire, d'un renvoi pur et simple à une loi naturelle mécanique, physique, et cosmique dont il s'agit. Aucun être ne décide du sort du défunt, c'est la balance qui révèle l'état du coeur du défunt. Ce coeur a-t-il laissé circuler la vie ?
- 3°: Un certain état du coeur permet la circulation de Maât. Cette circulation entraîne l'équilibre qui ouvre le passage vers une meilleure forme de vie. Un coeur fermé à Maât, c'est-à-dire ne laissant pas circuler l'énergie, empêche d'atteindre l'équilibre et ouvre le passage, non pas vers une meilleure forme de vie, mais vers la disharmonie, ou la seconde mort.
- 4°: Les personnages ne font qu'attendre le résultat de ce que nous avons tort de regarder et d'interpréter comme une simple pesée. En raison de notre approche trop rationnelle et trop matérialiste de la balance, nous oublions bien trop souvent, que la balance avant d'être un instrument de pesée est d'abord l'instrument et le symbole privilégié de

l'échange, et qui dit échange, dit circulation.

- 5°: Il y a encore probablement beaucoup d'autres informations, très utiles, concentrées dans cette seule image et dans d'autres images égyptiennes. Et les chercheurs ont eu très certainement tort de se concentrer prioritairement sur des textes assez difficiles à traduire dans l'ensemble alors que les images auraient pu leur faire gagner beaucoup de temps. Mais contentons-nous de retenir les informations tirées de l'observation de cette image qui nous seront très utiles dans le domaine de l'Internet et qu'en résumant on peut formuler ainsi:

loi d'équilibre: C'est l'équilibre qui permet la circulation de l'énergie cosmique (une énergie immatérielle) et l'expansion de la vie (à cette idée sont aussi liées les idées de bien-être, de bonheur, de santé, de liberté et de prospérité[399]). C'est la circulation (non entravée) de l'énergie (Maât) qui permet de réaliser cet équilibre. Il est très important, par conséquent, pour bien comprendre le message de la scène dite de la psychostasie, de savoir ce que signifiait réellement Maât pour les Egyptiens anciens, et de comprendre comment ils envisageaient le coeur. A partir de l'image de la psychostasie, nous avons pu déduire que Maât est une énergie solaire et cosmique. Voyons à présent, comment les égyptologues et historiens des religions ont défini la Maât.

CHAPITRE 4

UNE JUSTICE QUI ECLAIRE LA CIVILISATION EGYPTIENNE

Monsieur Jan ASSMANN[400] avait écrit que le concept de Maât est une clef de compréhension du monde égyptien antique. Pourtant, c'est une des notions les plus difficiles à cerner pour notre esprit moderne, pour deux raisons essentielles:

1°: Nous cherchons à rapprocher Maât de concepts connus dans le monde juridique moderne, alors que comme l'a souligné Monsieur Eric HORNUNG il n'y aurait pas de terme, ayant rapport à la justice, correspondant à Maât dans aucune langue.[401] Ce même auteur estime que les Egyptiens anciens ne nous ont pas laissé une définition claire de Maât, pourtant nous verrons qu'ils ont maintes fois défini Maât, notamment dans les rituels d'offrande de la Maât. Mais c'est de la justice qu'ils n'ont pas donné une définition valable à nos yeux.

2°: Une seconde raison essentielle est que nous avons l'habitude intellectuelle de traiter les grandes questions en les divisant en petits problèmes et en spécialisations. Il est impossible de comprendre le concept égyptien de la Maât si celle-ci est étudiée isolément dans la mesure où dans l'Egypte ancienne, tout était intégré.[402] Par ailleurs, pour comprendre Maât, il ne faut pas la séparer de son "partenaire": le coeur, représenté sur l'autre plateau de la balance dans la scène dite de la psychostasie des *Livres des Morts des anciens Égyptiens*. Il faut aussi savoir extraire judicieusement de la littérature égyptienne qui nous est parvenue, les éléments utiles à la compréhension du concept de Maât. Ils sont principalement liés au fonctionnement du corps humain, à partir du coeur. En effet, cette littérature ne présente pas un caractère d'homogène pertinence.[403] Toute la littérature égyptienne contient souvent pêle-mêle, dans un même texte, voire dans une même phrase, une variété d'informations d'inégale valeur,[404] d'inégale sagesse, d'époques très diverses, et comme l'a souligné aussi Monsieur Jean YOYOTTE, en ce qui concerne le jugement des morts, d'"écoles" de pensées différentes. En effet, un des traits caractéristiques de l'Egypte, comme l'a très bien démontré Alexandre MORET est la faculté de conservation et de sédimentation. Tout comme le sol égyptien,[405] la mentalité égyptienne a construit sur un passé qu'elle a su admirablement conserver.[406] Souvent, les scribes affirment avoir puisé à des sources très anciennes.[407] Ces observations se vérifient particulièrement, dans les textes de sagesse et surtout dans les *Livres des Morts des anciens Égyptiens*, ouvrages qui s'inspirent de textes qui les ont précédés et notamment des Textes des pyramides[408] et qui, au fil du temps, vont grossir et s'emplir des angoisses grandissantes du peuple d'Egypte concernant l'après-vie.[409] Il convient donc de travailler avec ces textes d'une manière très différente de celle que nous adopterions pour des textes modernes. Pour bien comprendre le concept égyptien de justice, il faut sélectionner, à travers toute la littérature Égyptienne, les informations présentant un caractère stable. Celles qui sont parvenues jusqu'à nous et impliquent à la fois le soleil, Maât, et le fonctionnement du corps humain. Comme l'observe Pierre GRIMAL à propos du goût pour la répétition dont font preuve les Egyptiens anciens et que notre mentalité moderne réprouve[410]: "... il est nécessaire, pour lire ces textes, de renoncer à notre attitude en face d'un écrit."

C'est notamment en suivant le conseil de cet auteur que nous pourrons utiliser Maât comme une clef de compréhension du monde égyptien et recomposer un tableau cohérent de la conception égyptienne de la Justice. Pour retrouver le concept originel de la justice dans l'ancienne Egypte, nous avons recherché à travers la littérature égyptienne, toutes les informations utiles à la compréhension du concept de Maât. Les informations sur Maât ont été traduites depuis longtemps déjà par les égyptologues et ce, de manière la plupart du temps adéquate. Cependant, ces informations n'ont jamais été assemblées en une image cohérente de la justice. La raison essentielle est que Maât a trop souvent été: d'une part isolée des autres éléments utiles à sa compréhension (le fonctionnement du coeur notamment); d'autre part, obscurcie par la projection de nos idées modernes. Nous citerons en note ou dans le corps du texte, les textes égyptiens auxquels nous avons puisé les informations pertinentes pour une compréhension utile du concept de Maât, qui permet de répondre aux différents points suivants:

- définition de la Maât, et de son contraire;
- comment la circulation de Maât produit des effets positifs,
-comment Maât circule dans la société humaine,
- ce qui fait obstacle à la circulation de Maât dans la société humaine,
- comment Maât permet de comprendre le principe d'intégration de toutes les sphères de la vie en Egypte,
- pourquoi Maât n'est pas la justice, Bien qu'elle en soit, avec le coeur, la composante essentielle.

Section 1: Qu'est-ce que la Maât, et qu'est ce que son contraire ?

Maât, comme tous les textes nous en informent, est une énergie cosmique qui parvient à l'homme par l'intermédiaire du soleil,[411] des dieux et aussi du pharaon. Nous trouvons même la définition de Maât dans l'un des noms de Ramsès II qui s'appelle aussi: Ousermaâtrê-Setepenrê ce qui signifie "Maât est la force de Rê, l'élu de Rê".[412]

Cette énergie cosmique manifestée sous forme de lumière[413] ou de puissance[414] sur le plan humain se décline aussi en bonheur, santé, force, vie,[415] prospérité, stabilité (horizontalité, droiture,[416] équilibre) et harmonie. Un passage du Texte des Sarcophages dit clairement que la Maât est la vie.[417] Maât peut être aussi comprise par les effets contraires[418] qu'entraîne son absence. Sans Maât c'est: l'obscurité, la disharmonie, la perte de la vitalité, la misère, la maladie, la destruction, la mort. L'opposé de Maât est "isfet".[419] Ce mot égyptien a été souvent traduit par "chaos". Mais tout comme Maât il pose des problèmes de traduction aux égyptologues qui ont proposé des traductions qu'ils estiment approximatives. C'est ce que souligne Eric HORNUNG qui écrit: "...isfet est: 'un terme de sens obscur qui signifie quelque chose comme injustice, désordre, déraison' (de Buck voulait le traduire directement par 'chaos'). On trouve aussi gereg, 'mensonge' et chab, 'ce qui est tordu'. Il en découle pour Mât des significations comme 'justice, authenticité, exactitude, ordre, droiture'."[420]

Tandis que Monsieur Jean YOYOTTE écrit:

"Plus ou moins teintée de conformisme politique et social, l'éthique égyptienne consiste, pour le particulier, à agir, sur tous les plans en accord avec Maât. Le juste, l'homme de bien, le bien-heureux dans l'autre monde, sera dit maâty, 'celui qui est de Maât'; l''inique', le rebelle à son roi, le sacrilège, le perturbateur qui attente à l'ordre fondamental des choses est l'isefety, d'un mot isefet qui désigne l'atteinte à Maât et peut se traduire par 'désordre'."[421]

Pourtant, nous savons par de nombreux textes que Maât détruit les ennemis de Rê[422] et que l'ennemi de Rê c'est l'obscurité.[423] Quand on traduit Maât par la lumière qui crée la vie, il est facile de reconnaître en "isfet" l'obscurité qui entraîne la mort et de mieux comprendre pourquoi dans l'écriture hiéroglyphique le dessin du disque solaire noir signifie le non-être[424] et aussi pourquoi on n'offre pas Maât au dieu de la guerre.[425] Un passage de l'Hymne à Knoum assimile la lumière à la vie.[426] Au plan cosmique, la circulation de Maât entraîne l'équilibre cosmique, dont la "stabilité" de Rê (le soleil)[427] dans le ciel est un élément très important aux yeux des anciens Egyptiens. Maât est l'énergie qui nourrit tout le Cosmos, elle nourrit le soleil, qui la respire aussi[428] et elle nourrit tous les dieux, ce qui explique l'écriture hiéroglyphique de Maât (▱) qui évoque la base et l'horizontalité.

Section 2: Les effets positifs de Maât à travers sa circulation

Pour produire ses conséquences bénéfiques, la Maât doit pouvoir circuler sans entraves. D'où l'importance maintes fois attestée et soulignée, du rituel pharaonique de l'offrande de la Maât au Soleil. Il s'agit pour le pharaon d'entretenir la circulation cosmique, en rendant au Soleil la Maât qu'il a lui-même reçue à travers son coeur et généreusement transmise. C'est par ce rituel que le pharaon participe à l'ordre cosmique, tandis que tout être humain a vocation, grâce à un organe physique: le coeur, à participer au bon ordre du microcosme et du macrocosme. Quant au Soleil, il fait vivre tous les coeurs,[429] il respire Maât[430] et son énergie pénètre dans les coeurs[431] tandis que le coeur est la source de vie de chaque être humain.[432] Il est omniprésent dans la littérature égyptienne et de nombreuses expressions sont créées à partir de ce concept. l'Egyptien ancien écoute avec son coeur,[433] comprend avec son coeur, parle avec son coeur, décide avec son coeur,[434] désire avec son coeur,[435] se guide sur le chemin de la vie grâce à son coeur.[436] Il vit grâce à son coeur,[437] parle du coeur du soleil et des divinités, "s'unit au soleil par le coeur",[438] s'unit au coeur de son ba,[439] a le "coeur droit",[440] est protégé par son coeur quand il dort[441] et vit grâce à l'énergie du coeur pendant le jour. Quand son coeur est las ses membres sont faibles. Il arrive même que le "coeur des animaux pleure".[442] Bref, les informations concernant le coeur ne manquent pas[443] et il est facile de comprendre à travers elles comment la Maât circule dans la société humaine.

Section 3: La circulation de Maât dans la société

C'est à travers le coeur de l'être humain que va circuler la Maât, d'où l'importance des passages contenant des informations très stables, relatives au coeur et la nécessité de ne pas déformer leur sens. Pour ne pas déformer le sens de ces passages, la traduction littérale souvent mentionnée par les traducteurs s'avère beaucoup plus riche de sens que les traductions non littérales. Ces dernières, souvent retenues par les auteurs, sont trop chargées de notre perception moderne trop matérialiste concernant le monde, ou pas assez concrète concernant le phénomène religieux. La traduction littérale replacée dans le contexte mental égyptien et dans la sensibilité de ce peuple possède un sens exact et beaucoup plus utile. On ne prendra pas en considération par exemple la traduction suivante donnée par Monsieur Guy RACHET de la "Formule pour que le coeur d'Ani ne témoigne pas contre lui" du chapitre XXX B du Livre des Morts d'Ani:

"Parole de l'Osiris Ani. Qu'il dise: coeur de ma mère, coeur de ma mère, coeur de mes transformations, ne t'oppose pas à moi lors du témoignage, ne me repousse pas devant les juges divins, ne t'éloigne pas de moi devant le gardien de la balance. Tu es mon ka dans mon corps, tu es le modeleur qui rend prospères mes membres."[444]
mais la traduction littérale qu'il mentionne dans ses notes: à savoir: "mon coeur ma mère, deux fois. mon devenir à l'être".

et qu'il retient plus loin en écrivant:

"Chapitre XXXB Formule, divines offrandes à tous les dieux, Ani le justifié, dans le Nerter -khert. Dire: mon coeur, ma mère, ma mère. Mon coeur de mon devenir.ne te lève pas contre moi lors du jugement, ne me repousse pas devant les divins juges, ne te sépare pas de moi en présence du gardien de la balance. Tu es mon ka dans mon corps, (tu es le) Khnoum, rendant puissants mes membres. Puisses-tu sortir vers le lieu de beauté vers lequel nous nous rendons.

Ne rends pas mon nom odieux dans la cour qui donne aux hommes leur position (leur place)."[445]

En effet, le coeur étant le centre vital de l'être humain, c'est -à-dire très concrètement: celui qui nourrit et qui transmet la vie (comme une mère) dans la pensée égyptienne antique, il est plus vrai de garder le sens littéral: "mon coeur, ma mère, ma mère" que coeur de ma mère qui a beaucoup moins de sens.[446]

De même nous préférons la traduction littérale suivante:

"tes rayons parviennent sur ma poitrine" (qui évoque un fait concret les rayons du soleil pénétrant le coeur d'Ani) à la traduction retenue par le traducteur, à savoir: "Que soient adorées tes beautés devant mes deux yeux, devenues esprits (Akhou) sur ma poitrine" et pour laquelle l'auteur donne les raisons suivantes:

"J'ai préféré la traduction de... par: "(tes beautés) devenues Esprits sur ma poitrine" à une version plus classique de "tes rayons parviennent sur ma poitrine", car il me paraît que doive être marqué le côté spirituel des rayons du soleil. La lumière solaire est identifiée à la lumière spirituelle qui éclaire l'âme et fait du mort un esprit lumineux."[447]

Mais, revenons à la Maât. En fait, les textes nous enseignent que Maât circule plus ou moins bien. Par ailleurs, nous avons observé que dans la scène de la psychostasie, le coeur est représenté comme un vase, et nous en avons déduit que l'image du coeur symbolisait le caractère de "récipient" du coeur humain. En effet, le coeur reçoit la Maât du soleil,[448] il la capte par l'écoute[449] et par les sens. Dans le Chapitre XVIII du papyrus d'Ani, on peu lire:

"L'Osiris Ani, le scribe, dit: je viens vers toi le coeur plein de Maât."[450] et dans un autre passage Ani, dit: "verse Maât dans mon coeur".[451]

Dans la "Prophétie de Neferty", on apprend que:

"Le disque solaire, voilé, ne brillera plus pour que le peuple puisse voir; on ne pourra pas vivre si les nuages (le) recouvrent; et, privés de lui, tous les hommes seront sourds."[452]

Le coeur humain est le vecteur physique de la circulation énergétique.[453] L'Egypte ancienne avait compris, bien avant l'ère de l'informatique moderne, [454] et cela, à l'échelle de l'univers, quel parti elle pouvait tirer de la loi du passage/ou non passage d'une énergie immatérielle à travers un corps matériel qui "véhicule la puissance".[455] La scène de la psychostasie est une remarquable synthèse symbolique de cette connaissance.

Si le coeur est ouvert à Maât, c'est-à-dire s'il capte bien "écoute bien"[456] l'énergie cosmique, cela est déjà une bonne chose, mais ce n'est pas suffisant pour créer l'harmonie. Encore faut-il que cette énergie circule, c'est-à-dire qu'elle soit correctement émise, et ce, principalement à travers la langue (c'est-à-dire les paroles) et à travers les actes (c'est-à-dire le comportement et les gestes des êtres humains). Il est alors aisé de comprendre pourquoi: 1°) les Égyptiens anciens, accordaient une telle importance à la parole, et 2°) pourquoi tant de civilisations ont accordé au niveau juridique une importance capitale à "la parole donnée", "à la promesse" ou à la récitation exacte des "formules de la loi" en Droit Romain antique. La parole, c'est de la Maât, captée dans le coeur,[457] transformée ("coeur de mes transfor-mations"[458]) et émise à travers la langue. D'où la formu-lation suivante utilisée dans un texte "Ce n'est point soutenir ma voix" qui signifie selon Madame Claire LALOUETTE: "ce n'est pas me rendre justice."[459]

Section 4: Les entraves à la circulation de Maât

Il existe de multiples façons de bloquer la circulation de Maât. Parmi elles, il y a notamment le mensonge, "l'abomination des dieux" selon les Egyptiens. Mais, le mensonge en Egypte, comme nous l'apprennent de nombreux textes est un acte extrêmement précis qui ne relève pas de notre notion morale moderne. Mentir, consiste pour un être humain à ne pas parler (et probablement aussi à ne pas agir) en conformité avec ce qu'il ressent dans son coeur.[460] En se comportant ainsi, il perturbe la circulation de Maât et occasionne ainsi un déséquilibre en lui-même et autour de lui. Le mensonge est en effet une "abomination", car il entrave la circulation de Maât. Le premier à en pâtir est le menteur. Dans cette vie même, il aura à subir les disharmonies tant physiques que psychiques entraînées par l'acte de mentir. Son opposé: la vérité, très prisée par les Égyptiens est, elle aussi, un concept extrêmement précis. Dire la vérité, c'est être juste, c'est-à-dire parler selon son coeur,[461] donc selon Maât. Dire la vérité c'est vivre en conformité avec le principe essentiel de Maât: la circulation exacte (au sens de appropriée) et harmonieuse de l'énergie à travers le cosmos et donc aussi dans le groupe humain, qui en fait partie. Nous comprenons alors mieux l'expression qui si souvent revient dans les textes: "juste de voix",[462] elle signifie tout simplement que la voix est juste lorsqu'elle est émise en conformité avec le coeur, c'est-à-dire avec la circulation de la Maât. Une des conséquences de cette voix juste, comme l'expose le texte de théologie Memphite dont nous citons en note quelques extraits significatifs concernant le fonctionnement du coeur,[463] est la créativité comme résultat de l'émission de la vie.

Une seconde façon d'entraver la circulation de Maât est "l'avidité" du coeur si vivement réprouvée[464] par les Égyptiens. Pourtant, pendant la majeure partie de leur histoire cette avidité n'apparaît pas comme un péché au sens moderne. L'avidité du coeur est pour les Egyptiens anciens une aberration[465] du fonctionnement, qui peut être corrigée par la correction de l'attitude du coeur. "L'avide de coeur" comme l'expression l'illustre bien, est incapable d'échanger, donc de faire circuler harmonieusement la Maât, dont les bienfaits en définitive lui échapperont. Nous pouvons lire dans le conte de l'homme de l'Oasis la phrase suivante:

"Il n'y a pas d'hier pour l'homme oisif, pas d'ami pour qui est sourd à la justice, pas de jour heureux pour l'homme avide."[466]

Une troisième façon consiste à "avaler son coeur" ou aussi "à manger son coeur".[467] Sur cette notion, contrairement aux autres façons de bloquer l'énergie, nous n'avons pas trouvé d'explications limpides à travers la littérature égyptienne.

Une quatrième façon de ne pas faire circuler la Maât consiste en une impossibilité de la capter, principalement en raison d'une mauvaise écoute. Alors que la légèreté du coeur est une qualité dans notre mentalité moderne, Il faut bien noter que c'est tout au contraire un défaut pour les Egyptiens anciens. Loin de concevoir cette légèreté de notre façon abstraite signifiant: un coeur dénué de péchés; les Egyptiens voient cette légèreté de manière concrète comme un coeur manquant de Maât. La légèreté du coeur est pour les Egyptiens un défaut, car l'homme qui est trop léger n'a pas assez de Maât dans le coeur, il n'est pas assez vivant.[468] Un texte nous apprend qu'au défaut de légèreté du coeur correspond, notamment, une certaine lourdeur physique.[469] Tandis qu'*a contrario*, un autre texte nous dit qu'être empli de Maât apporte la santé corporelle.[470]

Par conséquent, après avoir pris connaissance du fait que la légèreté du coeur est un défaut et non une qualité pour les anciens Egyptiens, nous ne pouvons pas accepter les idées relatives au "poids du coeur" qui figurent dans la description de la scène de la psychostasie donnée en ces termes par un auteur (et suivie aussi par l'égyptologie en général):

"....Sur le plateau à gauche de] a balance est déposé le coeur, sous la forme d'un petit vase. Pour les anciens Égyptiens, le coeur était l'organe de la pensée et de la conscience. Sur l'autre plateau est posée la plume, symbole de Maât. Le coeur ne doit pas peser plus lourd que la plume, son, poids étant constitué par les mauvaises actions, les péchés.....Tout à fait sur la droite se dresse Thot à tête d'ibis qui tient à la main l'écritoire du scribe et le calame. Derrière lui Amam ('m'm) ou Ammit, monstre dont le nom signifie 'la dévorante', chargé de dévorer le coeur du mort dans le cas où il pèserait dans la balance plus lourd que la plume; ce qui équivaut pour le défunt à la plongée dans le néant."[471]

Cet exemple illustre très nettement la façon dont nos projections de concepts modernes, notamment nos principes moraux, nous empêchent d'entrer dans l'esprit des textes de l'Egypte antique.

Section 5: Toutes les sphères de la vie sont intégrées en Egypte, pourquoi ?

Maât est omniprésente, elle anime tout ce qui a un coeur et, selon le Texte de Théologie Memphite, tout ce qui vit a un coeur. Il est souvent écrit que Maât est la fille du soleil, et aussi sa mère, qu'elle est sa nourriture, et aussi la nourriture de tous les dieux. En tant que mère et fille à la fois de Rê, c'est un symbole féminin que l'Egypte ancienne a choisi pour représenter le principe de la circulation de l'énergie cosmique. En effet, ce qui singularise le corps féminin c'est sa capacité à servir de vecteur à la fois de la vie et de la nourriture (le lait maternel). La femme, tout comme le soleil fait passer la vie (immatérielle) à travers son corps (matériel). C'est Maât, qui en circulant dans l'univers donne ce que les Egyptiens appellent "stabilité", "horizontalité" ou "droiture", autant de termes pour désigner notre notion moderne d'équilibre,[472] qui maintient l'harmonie du cosmos où, du fait de la bonne circulation de Maât, tout est stable, à sa place.

133

Etre "droit" ou être "juste" dans ce contexte signifie agir selon la loi de Maât qui consiste à laisser circuler encore et toujours le flux de la vie, c'est ne pas obstruer le passage de Maât. Les expressions "droit"[473] ou "horizontal" se réfèrent très concrètement à la position des plateaux de la balance de la scène de la psychostasie. C'est la raison pour laquelle on peut lire dans le papyrus d'Ani:

"Paroles d'Horus. le fils d'Isis: je viens vers toi, Ounnefer, et je t'amène l'Osiris Ani. **Son coeur est droit, il sort de la balance,** il n'a. jamais dit de mal d'aucun dieu ni d'une déesse... **il est droit et juste**, parfaitement."[474] (c'est nous qui soulignons)

En ce qui concerne le microcosme humain, c'est par Maât que tous les coeurs sont liés, et nous apprenons que le soleil a lui aussi un coeur,[475] ce qui explique pourquoi tout, en Egypte, était imbriqué: le social, le politique, le scientifique, le cosmique et ce que nous avons perçu comme étant une religion. Tout est vu sous l'angle de la circulation de l'énergie cosmique, en d'autres termes: du principe de la circulation de la vie, sous l'angle par conséquent de la dimension énergétique et immatérielle de l'être humain à laquelle nos civilisations modernes accordent si peu d'intérêt. C'est cette circulation énergétique ininterrompue qui maintient l'ordre au plan cosmique et au plan politique, et le pharaon, à travers le rite de l'offrande de Maât boucle le cercle de cette circulation d'énergie. En effet, il a reçu Maât du soleil et il la lui offre en retour. On comprend alors pourquoi le rituel de l'offrande de la Maât par le pharaon était le rituel par excellence. En fait, ce que nous avons qualifié de "religion égyptienne" était très loin de notre conception moderne très abstraite de la religion.[476] Les effets de la bonne circulation de Maât ou de sa mauvaise circulation peuvent être expérimentés par ceux qui se donnent la peine d'une auto-observation énergétique et d'une auto-correction comportementale.[477] En effet, les Égyptiens anciens, en présence de comportements que nous qualifions de péchés, ne voient que des aberrations qui doivent être corrigées par une meilleure compréhension, une meilleure écoute de Maât.[478]

La civilisation Égyptienne s'est bâtie sur la connaissance de la circulation de l'énergie cosmique et sur la recherche du bien-être de l'être humain tant intérieur (santé, bonheur, vitalité), qu'extérieur (prospérité matérielle).[479] Cette prospérité était étroitement dépendante de la libre circulation de l'énergie cosmique, représentée par la plume de Maât.[480] légère et blanche comme la lumière,[481] Maât est une énergie qui doit circuler. L'objectif majeur du peuple égyptien était le bonheur et la vitalité. Au pharaon on souhaitait systématiquement les moyens de l'atteindre: et Madame Claire LALOUETTE nous explique que la phrase: "Puisse-t-il vivre, être en bonne santé et prospérer" (habituellement abrégé en "Vie-Santé-Force") est un souhait placé après chaque nom royal ou chaque élément de la personne ou de l'entourage".[482] Parce que nous n'avons pas su privilégier la recherche du bonheur intérieur de l'être humain, nous ne connaissons pas grand-chose de l'énergétique humaine, bien que nous admettions que les plantes, par exemple, captent et transforment l'énergie solaire. Nous n'avons jamais pris conscience, à l'instar des anciens Égyptiens, de l'extrême importance de l'énergie cosmique qui est la base de la vie et de la création pour les anciens Égyptiens. L'Egypte représente un modèle philosophique à suivre, tant dans la vie individuelle, pour un développement personnel, que dans la vie collective, pour appliquer les lois de la création de l'abondance. C'est tout particulièrement à l'Internet que la philosophie égyptienne trouve, par de multiples aspects, avantageusement à s'appliquer.

Section 6: Maât n'est pas la justice

Bien qu'elle en soit, avec le coeur, la composante essentielle, la Maât n'est pas la justice. Elle lui est, cependant, si étroitement liée qu'il n'est pas étonnant que des générations d'égyptologues l'aient traduite par l'expression "Vérité-Justice", non sans être gênés par le flou de cette traduction approximative, due à la difficulté qu'ils éprouvent de cerner ce concept si spécifique de la civilisation égyptienne. Faire la Maât signifie d'abord: faire de l'énergie, dire la Maât signifie aussi "dire de l'énergie" tandis que faire la justice, être juste, équilibré, horizontal, droit, stable, consiste à faire circuler la Maât en utilisant le coeur de manière harmonieuse. Le texte des Sarcophages dit bien clairement que Maât est la Vie:

"Atoum[483] dit: "Tefnout, Celle qui est la vie, est ma fille; elle est avec son frère Shou, appelé aussi Celui qui est la vie: Maât est également son nom à elle."[484]

Section 7: Qu'est-ce que la justice égyptienne ?

Blanche, et légère, Maât n'est pas à elle seule la justice. La justice consiste à faire circuler la Maât en rétablissant l'équilibre rompu ou en empêchant l'installation d'un déséquilibre.

La scène de la psychostasie devrait être rebaptisée "scène de la justice", car elle représente le principe de la Justice dans l'Egypte antique. La justice est un processus vital qui consiste à établir ou rétablir par l'équilibre entre la matière et l'immatériel, une circulation harmonieuse de l'énergie cosmique (dont la parole est une des manifestations extérieures). Cette justice se décline tant sur le plan cosmique que sur le plan humain (communication, passage de l'énergie à travers le cosmos). Faire justice c'est rendre le plateau de la balance "horizontal", "droit" ou encore "stable" et pour ce faire il faut écouter Maât,[485] dire Maât, faire Maât. Nous pouvons lire dans le texte qui accompagne la scène dite de la psychostasie dans le Papyrus d'Ani:

"Celui qui est dans la tombe dit: je te prie, ô peseur d'équité (Maât),[486] fais que la balance reste stable".[487]

C'est aussi de stabilité dont on parle pour le soleil dans le ciel et la stabilité est l'un des souhaits qu'on adresse au Pharaon. [488] C'est en raison de son application à la sphère de l'immatériel que le concept égyptien de justice présente un indéniable intérêt dans le cadre de l'Internet. Le monde de l'Internet, obéit tout comme le monde de Maât aux règles de la circulation dans le monde de l'immatériel. L'Internet comme la Justice égyptienne permet la création d'une abondance immatérielle. C'est à travers l'Internet que s'amplifie l'intérêt de l'humanité moderne pour un des aspects immatériels de l'existence: la vie intellectuelle. En effet, le monde informationnel, auquel les juristes modernes tentent d'appliquer des lois positives inadaptées, réagit beaucoup mieux au concept égyptien de la justice. Ce dernier est en effet particulièrement bien adapté à un monde de l'immatériel dont la loi centrale est: n'entravez pas la circulation, car la circulation c'est la prospérité, la vie, la santé. La sagesse égyptienne trouve aisément et intelligemment à s'appliquer au monde de l'Internet qui échappe aux règles du monde de la matière, mais obéit aux règles de fonctionnement du monde de l'immatériel. Quant aux effets indésirables de l'Internet, c'est dans un texte de sagesse égyptienne qu'on peut trouver un principe d'action destiné à les combattre et dont nous reparlerons, plus tard, à propos de l'analyse du *Communications Decency Act* américain.

SOUS-TITRE 2

APPLICATION A L'INTERNET DU CONCEPT EGYPTIEN DE LA JUSTICE

PRELIMINAIRES

A travers l'étude du concept de Maât dans la civilisation égyptienne antique, nous avons dégagé l'idée d'une justice très différente de celle à laquelle nous avons coutume de nous référer dans le monde traditionnel. En effet, si dans le monde traditionnel, la justice consiste essentiellement à partager[489] ou attribuer des biens matériels ou des sommes d'argent et à punir des personnes en limitant leur liberté; la justice égyptienne s'intéresse à tout autre chose. C'est un concept de justice très original dont l'objectif est d'accroître la vie et de permettre l'abondance et le bonheur. Dans le monde égyptien, l'être humain, comme tout ce qui vit, est partie intégrante du cosmos, et comme toute matière vivante, il a la faculté de capter l'énergie solaire par l'intermédiaire de son coeur, de la transformer, de l'émettre et de l'échanger notamment par la parole: le *logos*. Les Egyptiens avaient observé que la circulation harmonieuse de cette énergie transformée en paroles entraînait une croissance, pour l'individu et aussi pour le groupe, sur de nombreux plans: le bonheur, la prospérité physique et matérielle. En revanche l'obstruction de la circulation de cette énergie entraînait la décroissance, la destruction, le malheur, la misère et jusqu'à la mort. Si les Egyptiens ont principalement appliqué ce principe à propos de l'énergie solaire, ils ne s'y sont pas limités. L'Egypte ancienne et d'autres civilisations ont compris combien il est important de ne pas bloquer la circulation de la pensée, et combien les échanges tant matériels qu'immatériels sont porteurs de richesse aussi bien dans le monde matériel que spirituel. Il avaient compris que faire circuler les idées, les cadeaux, etc... c'était faire circuler la vie et permettre l'abondance. Par son intérêt pour la circulation de la parole et pour l'abondance, la justice égyptienne trouve naturellement à s'appliquer au monde virtuel de l'Internet, là où, en revanche, la justice traditionnelle est devenue inopérante.

En effet, la justice traditionnelle ne trouve à pas s'appliquer à l'Internet pour les deux motifs principaux qu'il n'y a pas besoin de partager dans l'Internet, et qu'il est très difficile d'atteindre juridiquement les personnes (d'une part, en raison de la difficulté de les localiser, d'autre part, en raison du caractère territorial de la souveraineté étatique). La justice égyptienne, au contraire, se montre d'une utilité indiscutable et se vérifie dans la pratique quotidienne de l'Internet. Les informations qui circulent sur l'Internet sont tout aussi intangibles que l'énergie solaire (transformée en paroles) qui intéressait tant les Egyptiens anciens. L'énergie solaire, tout comme les idées, par leur caractère intangible, obéissent à la même loi physique que nous avons mise en lumière à partir de l'étude de la distinction des *actio in rem* et *actio in personam* dans le très Ancien Droit Romain. En effet, toutes deux se manifestent à travers la matière et ne peuvent être atteintes et modifiées qu'à travers la matière, il est impossible d'agir directement sur les idées qui circulent sur l'Internet, comme il est impossible d'agir directement sur l'énergie solaire. Dans un cas comme dans l'autre, l'immatériel (idées/énergie solaire) se manifeste à travers la matière (corps humain/ordinateur). En Egypte, plus les personnes captent, transforment et échangent de l'énergie solaire sous différentes formes, plus elles prospèrent; dans l'Internet, plus une personne reçoit, émet et échange des idées plus elle a de chances de prospérer intellectuellement et aussi matériellement. C'est le même principe qui entre en jeu. Celui-ci existait déjà dans le monde traditionnel, lequel, bien qu'orienté vers la matière, a toujours tiré parti des lois de l'immatériel, mais à une moindre échelle. L'Internet, notamment en dépassant l'obstacle traditionnel à la circulation des idées constitué par l'espace,[490] donne un coup d'accélérateur sans précédent à la circulation de l'information. Tout comme l'énergie solaire en circulant crée l'abondance sur tous les plans, la circulation beaucoup plus rapide des idées, grâce à l'Internet, a d'ores et déjà créé une abondance informationnelle sans précédent qui va logiquement entraîner à sa suite une prospérité matérielle sans précédent. L'Egyptien ancien avait bien compris que le blocage de la circulation solaire à travers le groupe humain entraîne la décroissance, la pauvreté, la mort et toutes sortes de désordres au rang desquels était classée en particulier la maladie. D'autres civilisations que nous considérons à maints égards comme primitives avaient, elles aussi, pris conscience du caractère primordial de l'échange qui crée la prospérité. Avant de vérifier dans l'Internet, à travers les expériences françaises et américaines, la loi de décroissance liée au blocage de la circulation des informations, nous allons mieux expliquer pourquoi la loi de la circulation de Maât, entraînait la prospérité dans le monde de l'Egypte antique et comment d'autres civilisations ont aussi tiré parti du fait que l'accélération des échanges accroît la richesse sur tous les plans.

CHAPITRE 1

L'ABONDANCE DUE A LA CIRCULATION, EN EGYPTE ET DANS LES SOCIETES DITES PRIMITIVES

Les peuples des civilisations pré-industrielles, dénommées archaïques ou primitives, n'ont pas attendu l'Internet pour comprendre l'importance de l'échange immatériel. Dans ces tribus, pourtant, comme l'affirme l'anthropologue Marcel MAUSS, cet échange immatériel est englobé dans l'échange de biens matériels. Ces populations archaïques croyaient, en effet, que les choses ayant appartenu à un être humain incorporent et véhiculent une partie de son "mana", de sa personnalité.[491] Ceci étant, ces sociétés appliquaient des rituels d'échange impliquant des obligations de donner et des obligations de recevoir, qui entraînaient une circulation obligatoire des biens tant matériels qu'immatériels.[492] Cette obligation sociale était destinée de manière consciente à créer, non seulement des liens d'amitié et la paix, mais aussi l'abondance et la prospérité matérielle dont bénéficiaient ces tribus.[493] Une philosophie de l'attitude juste, c'est-à-dire favorisant la prospérité, vis-à-vis des biens matériels à forte valeur spirituelle, recommande de ne pas retenir les biens, mais de les faire circuler.[494] Ce qui conduit à un cercle des échanges, estime Marcel MAUSS.[495] De nombreuses similitudes avec les idées de Marcel MAUSS, se retrouvent, à propos de l'Egypte, chez Monsieur Edward BLEIBERG.[496] Dans un ouvrage intitulé *The Official Gift in Ancient Egypt*, ce dernier fait état des théories proposées par des économistes anthropologues[497] au sujet des sociétés pré-industrielles, avant d'aborder le cas typique de l'Egypte. Il aboutit à la conclusion que nos schémas économiques modernes, qu'ils soient capitalistes ou non, ne trouvent pas à s'appliquer à la société égyptienne.[498] Dans cette société, il n'existait pas d'"économie"[499] au sens moderne du terme et de "relations purement économiques" Ce qui était aussi le cas pour les tribus étudiées par Marcel MAUSS dans lesquelles tout était englobé dans les échanges et où il n'existait pas d'échanges seulement économiques. L'auteur explique comment l'idée d'achat pour une revente avec profit n'existait pas en Egypte, pour ce qui concernait le commerce lointain.[500] De même, il n'y avait pas d'accumulation des moyens d'échange. Il nous apprend en outre, que la monnaie a été connue très tardivement en Egypte où n'existaient pas d'équivalent pour les mots: "acheter, vendre et monnaie".[501] Selon Monsieur Edward BLEIBERG, la Société égyptienne antique pratiquait l'échange. Quelque chose était donné en échange d'autre chose et les métaux précieux: or, argent, cuivre, étaient utilisés pour faciliter ce troc. L'Egypte apparaît, donc, à travers les recherches des économistes anthropologues, comme une société fondée sur l'échange, le troc, et non pas sur les notions d'achat et de vente qui présupposent déjà une distinction entre sphère sociale et sphère économique. En Egypte, comme dans les tribus étudiées par Marcel MAUSS ou par Bronislaw MALINOWSKI, tout est lié, il n'y a pas d'échange purement économique, l'échange y est beaucoup plus vaste[502] et on ne distingue pas entre économie, religion, etc... tout est englobé dans l'échange. Au coeur de l'échange égyptien, il n'est donc pas étonnant de retrouver, comme moteur de cette dynamique circulatoire, la Maât. C'est l'échange immatériel par excellence, celui de la Maât, qui a plus particulièrement été étudié par les égyptologues et historiens des religions[503] en raison de la place centrale qu'il occupe dans la culture égyptienne antique. La Maat apparaît au coeur de l'échange immatériel entre le pharaon et les dieux lors du rituel de l'offrande de la Maât, ou entre le soleil qui nourrit ses créatures de Maât et qui reçoit en échange Maât à travers elles.[504] Dans un entretien avec l'égyptologue Jean YOYOTTE, publié dans la revue scientifique Eurêka,[505] l'auteur déclare que "l'échange est au coeur de la civilisation égyptienne" et "que toute la société égyptienne s'inscrit dans le cadre d'un échange entre les dieux et les humains". Cependant, l'échange de l'immatérielle Maât, ne concerne pas seulement la relation dieu-homme. L'échange de maât entre les êtres humains revêt une extrême importance dans la culture égyptienne. C'est cet échange de Maât entre les êtres humains qu'a exploré en profondeur à travers les concepts de "solidarité communicative" et de "solidarité active" l'égyptologue Yan ASSMANN. Monsieur Jean-Claude GOYON, souligne, lui-aussi en ces termes, l'importance de la circulation par l'échange dans la société égyptienne[506]:

"Le culte en Egypte, n'est autre chose que l'acte de retour accompli par le roi régnant qui rend au créateur sa faculté de créer et lui assure les moyens physiques de perpétuer l'univers. Le culte apparaît ainsi, avant tout, comme une transaction quotidienne, permanente établie sur le plan juridique *do ut des* 'je donne afin que tu donnes'."[507]

Les Egyptiens anciens avaient bien pris conscience des méfaits de l'avarice, contraire à la loi d'échange, qu'ils nommaient de manière très pragmatique "l'avidité du coeur" et que nous pouvons rapprocher d'une loi Brahmanique indienne mentionnée en ces termes par Marcel MAUSS:

"L'avarice interrompt le cercle du droit, des mérites, des nourritures renaissant perpétuellement les unes des autres."[508]

Toutefois, les Egyptiens anciens ne concevaient pas l'avidité du coeur comme une atteinte à une moralité ou à des principes religieux dont ils n'avaient que faire. L'avarice, tout comme les autres défauts de l'âme humaine, leur apparaissait comme une pure aberration comportementale qu'il était possible de corriger. En effet, bloquer la circulation d'une manière ou d'une autre, c'était d'abord se porter préjudice à soi-même, avant d'appauvrir tout le cercle plus général des échanges. Voyons à présent, à travers les

147

exemples du *Communications Decency Act* puis du Minitel français comment cette loi de la justice égyptienne -qui consiste à maintenir la circulation par les échanges- se vérifie concrètement, positivement et négativement.

CHAPITRE 2

LE RALENTISSEMENT DE LA CIRCULATION DANS L'INTERNET CREE LA DECROISSANCE: L'EXPERIENCE AMERICAINE

Sans en avoir pleinement conscience les universitaires, les chercheurs et les premiers utilisateurs américains[509] de l'Internet, par leur désir de diffuser gratuitement les connaissances sur le réseau, ont enclenché un levier économique très puissant, et déjà bien connu des civilisations primitives le *do ut des* .[510] C'est à partir de cet élan initial de générosité permettant la libre circulation des idées sur l'Internet que l'orientation du réseau a pu se dessiner et l'Internet prendre assez rapidement un essor international. Le principe *do ut des* a été appliqué avec beaucoup de succès par de nombreux opérateurs sur l'Internet. Il suffit de mentionner le logiciel Netscape,[511] qui diffusé gratuitement, a favorisé une multiplication des internautes et a finalement enrichi son concepteur par les retombées qu'il a suscitées. Le même principe s'applique aux moteurs de recherches. En offrant gratuitement et sans restriction[512] les services de référencement des sites et le service de recherche d'informations, ils attirent un grand nombre d'internautes. Les fréquentes visites de ces derniers font de ces sites une vitrine particulièrement intéressante pour les messages publicitaires.[513] Cela permet de générer des retombées économiques beaucoup plus grandes et surtout beaucoup plus rapides que celles qui auraient pu être drainées par un système payant de référencement et de recherche d'informations au moyen des moteurs. Cette attitude qui entraîne le succès est bien plus présente sur l'Internet[514] que dans le monde traditionnel.[515] Elle a déjà généré une multiplication des échanges entre les personnes à travers le monde et aussi des retombées économiques qui attirent de nombreux autres utilisateurs. Mais ces derniers ne sont pas tous mus par des sentiments aussi généreux. Parmi ces nouveaux protagonistes, certains font du commerce traditionnel[516] à travers le réseau, alors que d'autres font du commerce traditionnellement illicite ou s'adonnent à des "abus virtuels" de toutes sortes.[517] La prospérité naissante sur l'Internet[518] a, par ailleurs, aussi attiré l'attention des gouvernements. Ceux-ci prétendent devoir intervenir pour protéger par exemple les consommateurs, ou les mineurs. Certains gouvernements, ne craignant pas la contradiction, ont ouvertement affirmé leur volonté de protéger la vie privée de leurs nationaux[519]; tout en affirmant aussi clairement leur volonté de contrôler ces mêmes nationaux afin de pouvoir prélever taxes et impôts, et lutter ainsi contre l'évasion fiscale.[520] Ils estiment en agissant ainsi à contre courant de la dynamique du réseau en favoriser le développement et ses retombées économiques ![521] Le réseau supporte sans problèmes la coexistence de toutes sortes de sites et d'acteurs.[522] La menace la plus sérieuse d'atteinte à l'essor du réseau, émane aujourd'hui, non pas des acteurs de l'Internet, mais des instances juridiques en place dans le monde traditionnel. En effet, celles-ci, en souhaitant appliquer à l'Internet les limitations de circulation de l'information qui sont souvent le lot du monde traditionnel, risquent de casser l'essor du réseau. Notamment en contribuant à le transformer en espace de haute insécurité juridique et d'atteinte à la vie privée. Bien que l'intervention juridique soit rejetée par de nombreux acteurs de l'Internet,[523] les gouvernements ne continuent pas moins à travailler dans le sens d'une régulation juridique du réseau, inévitablement inadéquate. Même aux Etats -Unis, où la volonté politique de créer un Internet "libéré" a été clairement affirmée,[524] le Congrès, dans le but de protéger les mineurs contre les publications jugées indécentes, circulant sur l'Internet, a adopté le 12 juin 1996, des mesures législatives (Le *Communications Decency Act*) extrêmement floues, coercitives et directement contraires au développement de l'Internet. Heureusement, riches de l'expérience d'une nouvelle liberté liée à l'abondance informationnelle, les internautes et les opérateurs concernés ont su réagir contre le *Communications Decency Act.* Ils ont réussi à le faire déclarer inconstitutionnel par la Cour Suprême le 26 juin 1997.[525] Grâce à l'Internet, il est facile de se procurer tous les détails juridiques de l'affaire et de prendre connaissance de tous les actes de la procédure. Toutes les informations utiles sont rassemblées sur le site de l'EPIC, qui a contribué à faire déclarer l'inconstitutionnalité du *Communications Decency Act.*[526]

Le *Communications Decency Act,* punissait d'une peine d'emprisonnement de deux ans et/ou d'une amende, la transmission intentionnelle de messages obscènes ou indécents à un mineur de moins de 18 ans et l'envoi ou la mise à disposition d'un mineur âgé de moins de 18 ans, de tout message qui décrit ou représente, de manière manifestement choquante eu égard aux bonnes moeurs, les organes sexuels et excréteurs et les activités qui s'y rapportent. Etaient exemptés de poursuites judiciaires les personnes de bonne foi, ayant pris des mesures en vue de contrôler l'âge des internautes accédant à leur site, telles que: contrôle des cartes de crédit, ou contrôle par un numéro d'identification d'adulte qui aurait pu être mis en place par le truchement d'un intermédiaire de confiance délivrant pour quelques dollars ce "numéro d'adulte".[527]

La principale préoccupation juridique était de faire déclarer l'inconstitutionnalité du *Communications Decency Act* au regard du premier amendement (*First amendement*) sur la liberté d'expression (*Freedom of Speech*). Cependant, la lecture des débats et des dossiers de plaidoirie laisse apparaître que d'autres considérations plus économiques, tenant à la spécificité de la circulation des informations sur l'Internet ont largement influencé la prise de décision de la Cour Suprême. Les débats intervenus à propos du *Communications Decency Act* laissent apparaître diverses facettes du fonctionnement de l'Internet. Notamment le fait que la libre circulation des informations entraîne la prospérité tandis que le blocage entraîne son contraire.[528]

En effet, il a par exemple été argumenté que l'application du *Communications Decency Act*, non seulement serait inefficace au regard de l'objectif qu'il s'était fixé, à savoir: la protection des mineurs, mais aurait en outre un effet très négatif sur la circulation mondiale des informations de provenance américaine dans l'Internet.

A travers l'expérience américaine, nous nous trouvons confrontés à l'impossibilité, qui est désormais le lot des Etats, d'interdire **sélectivement** le flux de certaines informations à l'intérieur de leur territoire. La spécificité de l'Internet rend impossible le contrôle de son contenu au niveau mondial. En l'occurrence, soulignent les défendeurs, de nombreux sites pornographiques proviennent de l'étranger et sont donc librement accessibles aux mineurs américains que le *Communications Decency Act* ne peut, dans ce cas, protéger sans se heurter au droit international en vigueur. La Cour suprême a eu ici la sagesse de reconnaître et de constater les limites du pouvoir judiciaire et exécutif américain.[529] Un blocage sélectif d'informations sur l'Internet, ne pourrait avoir lieu (et encore avec beaucoup de difficultés) que si tous les Etats du monde décidaient, d'un commun accord d'interdire la diffusion d'un certain type d'informations, en l'occurrence celles contraires aux bonnes moeurs. Sachant que la notion de bonnes moeurs est variable au sein même d'un petit pays, il est très improbable qu'une unanimité puisse voir le jour sur ce genre de sujet.[530] Faute d'une telle communauté de pensée, permettant de bloquer sélectivement des informations au niveau mondial, les débats intervenus font clairement apparaître les effets néfastes, pour le pays qui les met en place, des entraves à la circulation des informations sur l'Internet.

Les défendeurs ont expliqué aux juges de la Cour Suprême que le caractère flou et coercitif du *Communications Decency Act* crée une grande insécurité juridique. Il casse, pour les Etats-Unis, la dynamique de l'Internet, en obligeant les acteurs américains à s'autocensurer très strictement dans la crainte de poursuites judiciaires. Ce qui, aux Etats -Unis, constitue une menace bien réelle. En effet, le *Communications Decency Act* est tellement large qu'il peut englober tout type d'informations telles que des propos un peu grossiers échangés dans des groupes de discussions, des oeuvres d'art, ou des messages scientifiques. Cette insécurité juridique crée, en conséquence pour les Américains, un handicap de taille par rapport aux nationaux des pays dans lesquels une telle insécurité juridique n'existe pas et qui continuent à bénéficier de la dynamique de la liberté des échanges sur l'Internet.

En effet, toute tentative de blocage d'information réalisable seulement partiellement, à un niveau national entraîne:

- une diminution du flux qualitatif et quantitatif des informations circulant sur le réseau: ce qui correspond à une perte de prospérité tant informationnelle que matérielle
- cette perte de prospérité informationnelle entraîne, comme l'affirment Apple et Microsoft,[531] une perte de parts du marché lié à l'Internet, donc une perte de prospérité matérielle (diminution des emplois, par exemple).

Tout Etat, bridant ses nationaux par une législation trop intrusive, inadaptée, et bloquante, met le pays en retrait des flux tant intellectuels, qu'artistiques ou commerciaux (et même fiscaux) générés par l'Internet. Un tel retrait profite aux pays qui comprennent l'intérêt de laisser circuler librement l'information et qui appliquent le concept égyptien de la justice. A savoir: à ceux qui s'efforcent de mettre en oeuvre des moyens intelligents, efficaces et même créatifs,[532] pour établir le meilleur équilibre possible pour une libre circulation des informations sur le réseau.

En l'occurrence, en ce qui concerne l'objectif de protection des mineurs, visé par le *Communications Decency Act*, la responsabilisation des parents et l'utilisation de moyens techniques[533] tels que les logiciels de filtrage des informations,[534] contribuent à établir l'équilibre entre l'impératif de la circulation informationnelle et la volonté légitime de protéger les mineurs contre des informations indésirables.[535]

Le monde virtuel obéit à d'autres lois que le monde matériel. Il faut bien prendre conscience que toutes les informations relatives aux aspects obscurs de l'Internet qui circulent à travers tous les médias existants contribuent à mieux faire connaître les sites indésirables. Il s'agit d'une publicité très directe[536] pour ces sites indésirables, qui contribue à noircir la réputation du réseau tout entier.[537] Les Egyptiens anciens étaient à cet égard beaucoup plus avertis que nous, sur le fonctionnement du monde immatériel et leur sagesse est à méditer. Ils disaient que la meilleure lutte qui soit contre l'obscurité c'est d'apporter la lumière. Il y a, d'une part, beaucoup de "lumière" sur l'Internet qui mériterait d'être mise en avant et d'autre part beaucoup d'attitudes à changer dans le monde réel afin de contribuer à l'équilibrer et pour que cet équilibre rejaillisse, à son tour, sur le monde virtuel. Là, c'est la sagesse romaine qui s'applique, si nous souhaitons "assainir" le monde des idées, faisons-le en passant par le monde réel, car sur le monde des idées nous n'avons aucune prise directe. A travers l'expérience américaine et celle d'autres Etats, nous pouvons mesurer la contradiction qui consiste à penser qu'il est possible de réussir à assainir les comportements humains dans le monde virtuel, alors que de tels objectifs sont loin d'être atteints dans le monde réel. Pourtant c'est là que nous avons plus de moyens d'action.[538] En résumé, nous pouvons dire que malgré cette volonté clairement affichée de réguler le réseau, sous le prétexte de protéger les mineurs ou les consommateurs, toute législation nationale se heurte au fonctionnement intrinsèque de l'Internet, lequel, par définition, se moque des frontières. Il est clair que tout Etat, interdisant tel ou tel site ou tel ou tel groupe de discussion sur les serveurs nationaux, ne pourra jamais[539] empêcher ses nationaux d'avoir accès à ces informations interdites. Il suffit que celles-ci soient hébergées en dehors du territoire national. L'inefficacité pratique des lois, exclusivement nationales relatives à l'Internet n'est plus à démontrer.[540] Elle se double en outre, d'un ralentissement de la circulation des informations au détriment du pays dont l'Etat aura mis en place un cadre législatif trop restrictif. Un gouvernement trop interventionniste ou bureaucratique vis-à-vis de l'Internet, dévie inévitablement le flux de la circulation des informations[541] et des richesses qui y sont liées, vers d'autres Etats, plus libéraux. Dans ces derniers Etats, les citoyens non entravés par une insécurité juridique croissante bénéficieront de façon plus étendue de la dynamique spécifique au réseau Internet. La loi de la justice égyptienne se vérifie dans sa totalité: ralentir le flux de la circulation de l'information, c'est faire décroître les possibilités de prospérité tant matérielle qu'informationnelle liée à l'Internet.

A cet égard, le Minitel français est le contre-exemple type de la dynamique qui a fait de l'Internet ce qu'il est aujourd'hui. Dès lors, il est très intéressant de tirer parti de l'expérience acquise à travers le Minitel, pour éviter à l'Internet les mêmes erreurs et les mêmes conséquences.

CHAPITRE 3

NON APPLICATION DU PRINCIPE DE CIRCULATION: L'EXPERIENCE FRANÇAISE DU MINITEL

Section 1: le *do ut des* et l'amorçage réussi d'un marché de l'information

Créé à l'initiative des pouvoirs publics, le Minitel a été lancé au début des années 1980 et distribué gratuitement aux utilisateurs.[542] Grâce à cette stratégie, le nouveau terminal informatique[543] s'est rapidement répandu chez les particuliers et dans les entreprises, permettant de ce fait au plus grand nombre d'avoir à sa disposition l'outil nécessaire à la connexion aux services télématiques. En finançant l'amorçage de ce nouveau marché, les pouvoirs publics français avaient déclaré leurs objectifs. Il s'agissait d'une part de leur volonté d'utiliser le Minitel comme moyen de démocratisation de l'accès à l'information, d'autre part de leur désir de donner à la France, grâce à cet outil précurseur, une avance technique significative, exportable et rentable. Aux objectifs des pouvoirs publics, il convient d'ajouter celui, qui en définitive a prévalu, de France Télécom,[544] qui désirait relancer la consommation téléphonique française devenue stagnante.[545]

Parmi les divers objectifs cités, il en est un qui, manifestement et ce, dès les débuts du fonctionnement du Minitel, n'a pas été atteint et a même été complètement oublié. Il s'agit de la démocratisation de l'accès à l'information, en d'autres termes de l'abondance informationnelle pour tous. Le don initial du Minitel a entraîné le succès de la création[546] d'un marché de l'information télématique, là où de nombreux autres pays avaient échoué. Cependant, l'adoption subséquente d'une stratégie commerciale aux antipodes du *do ut des*, a conduit à limiter l'usage du Minitel. Seule une tranche de la population[547] et des entreprises qui pouvait se permettre de supporter le coût très élevé de ce mode d'accès à l'information en a réellement bénéficié. Une telle stratégie commerciale que nous étudierons plus en détail ci-après n'a pas permis de générer une abondance informationnelle et la prospérité[548] qui s'ensuit. Elle a au contraire contribué avec beaucoup d'efficacité, à faire du Minitel un outil qui n'a pas pu évoluer,[549] dont le taux d'utilisation a commencé à stagner à partir de 1994 et qui est aujourd'hui largement dépassé par l'Internet.[550] En outre, l'existence du Minitel en donnant aux utilisateurs un *a priori* de cherté, a largement contribué au retard de la France face à l'Internet.

Section 2: la fonction kiosque: une stratégie de la rareté

A l'époque du lancement du Minitel au début des années 80, France Télécom réunissait un certain nombre d'atouts majeurs. Ceux-ci ont contribué au succès de la création d'un "marché" informationnel abusivement lucratif[551] et extrêmement centralisé. Ces atouts étaient les suivants: monopole des télécommunications, subventions étatiques, marché national entièrement captif.[552] Grâce à ces multiples avantages, France Télécom a pu mettre en place la fonction Kiosque.[553] Par cette fonction kiosque, le consommateur paie l'accès aux informations diverses proposées par les fournisseurs de services, à la durée et selon des paliers de tarification[554] correspondant aux divers types d'informations proposées. En outre, France Télécom facture directement la consommation aux utilisateurs. Elle reverse ensuite, après en avoir déduit un pourcentage non négligeable,[555] la part qui revient aux différents fournisseurs de services. Il est facile de comprendre ce que les économistes de l'OCDE, qui se sont penché sur l'expérience Française du Minitel, ont dénommé: "l'effet pervers"[556] de la fonction Kiosque et que nous avons désigné comme le contraire du principe *do ut des*. En effet, dans la logique du *do ut des*: "je donne afin que tu donnes", il y a un principe d'échange qui enrichit tout le monde. Avec la fonction kiosque c'est la logique contraire qui s'applique: "moins je donne plus je gagne". Comme le soulignent les économistes de l'OCDE:

"Le système du Kiosque, véritable moteur du Minitel, comporte des insuffisances.... C'est pourquoi, pour un palier de tarification donné, l'activité est d'autant plus rentable que le temps passé par le client est long. D'où la tentation de "faire durer". Le mode d'organisation du Minitel a donc un effet pervers puisqu'un service simple, rapide et efficace peut faire moins de chiffres d'affaires qu'un service compliqué, long et inefficace..."[557]

Le dérapage généralisé de la fonction Kiosque a produit pour principal effet l'enrichissement de quelques-uns[558] et la perte pour tout le pays d'une opportunité de taille. Il s'agissait d'une occasion de croissance économique, sociale et technique sans précédent, qu'aurait pu offrir une utilisation plus adéquate de la technique du Minitel et des investissements publics qui lui ont été liés. A travers l'exemple pratique de la SNCF, nous allons voir, à présent, quelle a été l'application concrète de la fonction kiosque.

L'exemple pratique de la SNCF
Avant le Minitel, les Français, usagers ou non de la SNCF, pouvaient obtenir gratuitement les informations commerciales de cette entreprise publique. Les horaires des trains, les prix des trajets, les possibilités de réduction tarifaires étaient délivrés gratuitement par téléphone[559] ou encore aux guichets des gares. Avec l'arrivée en 1982, du Minitel, les informations commerciales de la SNCF. sont devenues pour la première fois de l'histoire française payantes par le biais du Minitel, puis aussi par le moyen du téléphone selon le même principe de facturation à la durée. Comme l'observe un auteur: "On en arrive à ce que lorsqu'on prend un billet de train, on paie la SNCF. pour le temps

159

d'attente et pour la délivrance du billet".[560] La logique consiste donc pour les Français qui ne souhaitent pas payer pour "le temps d'attente et pour la délivrance du billet" à se rendre aux guichets des gares. Les Français disposent du Minitel depuis 1982 et depuis plus longtemps encore d'un réseau téléphonique performant. Pourtant, ils continuent en l'an 2002, en raison du coût de ces deux moyens faciles d'accès à l'information et malgré la gratuité récente de ces informations sur l'Internet, d'encombrer les guichets des gares. Un outil, tel que le Minitel, utilisé à bon escient, aurait pu éviter à la SNCF. les frais générés par le maintien de nombreux guichets. Il aurait pu faciliter la vie de **tous** les Français, et les inciter à voyager plus souvent. Il est vrai que la SNCF. gagne facilement de l'argent à travers les informations délivrées par Minitel, ou désormais par téléphone.[561] Mais, l'organisation d'une pénurie informationnelle artificielle lui fait manquer une bien plus grande prospérité.[562] Combien de ventes cette pénurie organisée, fait-elle manquer ? Par ailleurs, combien la SNCF. dépense-t-elle en frais de personnel, de matériel et de locaux pour continuer à recevoir toutes ces personnes qui persistent à faire la queue à ses guichets -seuls moyens à leur disposition pour continuer d'obtenir des informations gratuites- comme si le Minitel et le téléphone n'existaient pas? Imaginons qu'au lieu de l'attitude qu'elle a adoptée, la SNCF. aurait appliqué la stratégie du *do ut des* qui fait le succès de l'Internet.[563] En tant que service public, elle aurait pu avoir la volonté légitime de mettre l'information utile. gratuitement à la disposition des voyageurs potentiels. Elle aurait, en agissant de la sorte, diminué de façon conséquente les files d'attente aux guichets. L'application du *do ut des* aurait pu faire du service d'information de la SNCF. une mine de prospérité pour elle. Sans compter tout le secteur de l'hôtellerie de la restauration et du tourisme à propos duquel elle aurait pu aussi diffuser des informations. Dans ce cas, le Minitel aurait pu rapporter à la SNCF. beaucoup plus que ce qu'elle obtient en vendant à quelques personnes aisées ou pressées, son information commerciale, autrement gratuite. Tout en honorant sa mission de service public, la SNCF. aurait pu, grâce au Minitel, contribuer à créer une

160

abondance informationnelle, liée à la libre circulation de ses propres informations commerciales, et d'informations touristiques par exemple. Cette attitude se serait soldée selon le principe du *do ut des* par un accroissement de l'abondance matérielle liée à un accroissement de la circulation des informations. Par ailleurs, la SNCF. aurait aussi pu susciter un développement technique du Minitel, au lieu de contribuer comme tous les autres acteurs à son évidente et très désirable stagnation technique. En effet, la facturation ayant lieu à la durée, les fournisseurs d'informations, ont tout intérêt à diffuser le plus lentement possible les informations pour gagner un maximum d'argent, d'où l'inutilité de développer les performances techniques du Minitel pour le rendre plus rapide et plus attractif. La SNCF. n'est malheureusement pas la seule entreprise à pratiquer ce genre de vente. De nombreuses entreprises et administrations françaises continuent de facturer par Minitel ou par des numéros de téléphone spéciaux, des informations qui dans leur propre intérêt et dans l'intérêt de tous devraient circuler le plus librement possible. Si nous avons choisi comme exemple, la SNCF., c'est parce que d'une part il s'agit d'une entreprise par essence particulièrement concernée par la circulation[564] et d'autre part, parce que c'est l'un des services Minitel les plus fréquentés malgré son coût. Pour ces raisons, elle illustre de manière tout à fait évidente, l'opportunité manquée de la création d'une abondance informationnelle entraînant à son tour des gains financiers sans commune mesure avec les gains entraînés par l'utilisation actuelle et passée du Minitel.

En conclusion, ce chapitre nous a permis d'observer que le principe de la justice dégagé à travers l'étude de l'ancienne Egypte, appliqué avec succès par les USA, dans le recours contre *Communications Decency Act*, a contribué à maintenir la circulation de l'information et la prospérité qui en découle. Cependant, il n'en a pas été de même en France où les pouvoirs publics n'ont jamais tenté d'intervenir pour que le Minitel soit utilisé conformément à son objectif initial qui consistait à démocratiser l'accès à l'information. Ici, les pouvoirs publics, France Télécom et la grande majorité des fournisseurs d'informations ont eu une attitude "injuste" au regard du monde informationnel. Utilisé, de manière perverse et inadéquate, l'outil Minitel n'a pas permis à la France de tirer parti de la prospérité tant matérielle qu'immatérielle, liée à une circulation accrue de l'information. A travers l'expérience américaine du *Communications Decency Act* et l'expérience française du Minitel, nous avons donc pu vérifier dans la pratique l'efficacité et l'intérêt de l'application du concept égyptien de la justice.

CONCLUSION

Pour tout ce qui concerne le droit de l'Internet, nous sommes des "enfants" comme le disaient, dans un autre contexte, les Egyptiens à Aristote, c'est-à-dire que nous sommes ignorants. Et c'est comme des enfants que les juristes modernes tentent, sans succès et sans philosophie, de gérer l'Internet avec les lois et les repères du monde matériel. Or, le changement de perspective juridique impliqué par l'Internet est radical. Il faut faire preuve d'un esprit novateur et comprendre les nouvelles règles du jeu. Ce qui importe ici c'est la vitesse de circulation des informations alliée à la dynamique propre à un monde d'abondance. Dans le cyberespace, il n'y a plus de biens en nombre limité à partager, de lieu qui départage, de souveraineté territoriale. Par ailleurs, contrairement au monde matériel, l'esprit de la personne compte plus que son corps. C'est à la personne qu'est destiné tout ce flot informationnel. C'est elle, avec ses rêves, ses pensées, les liens qu'elle tisse avec les autres, ses besoins immatériels, qui revient en force sur la scène juridique. L'Internet nous entraîne beaucoup plus loin que le monde économique. Il nous invite à prendre conscience des lacunes philosophiques de notre époque face à l'immatériel. Nous avons, à ce point de vue, beaucoup à apprendre des civilisations pré-logiques pour peu que nous réussissions à comprendre leur langage symbolique et leurs mentalités aussi intuitives que pragmatiques. C'est en développant notre cerveau et en re-valorisant la personne que probablement nous "verrons" enfin les messages que des générations d'archéologues ont retrouvés et que tant de musées dans le monde offrent au regard d'êtres humains trop rationnels pour les voir réellement, et bien trop intelligents au sens de nos sociétés modernes, pour pourvoir les comprendre.

NOTES

---

[1] Sous toutes ses formes, en d'autres termes l'Internet libère la "matérialisation" de la pensée humaine de tous les obstacles traditionnels liés à la matière ou aux pouvoirs en place .

[2] Lawrence LESSIG, *Code and Other Laws of Cyberspace*, NY, Basic Books, 1999, p. 108.

[3] Lawrence LESSIG, *op. cit.*, p. 185.

[4] Lawrence LESSIG, *op. cit.*, p. 111: "...translation alone will not be enough; the past will not resolve the future. The questions raised by the future are issues that were not decided in the past." (.. la 'traduction' seule ne suffira pas; le passé n'apportera pas les réponses au futur. Les questions du futur n'ont pas été prévues par le passé.).

[5] C'est-à-dire celle des juristes, des philosophes du droit et des gouvernements.

[6] Manifesté essentiellement à travers la parole. La parole comme le dessin, l'écriture, le livre ou l'Internet est aussi un moyen de manifestation de la pensée humaine.

[7] Amplement oubliée dans toutes les réflexions sur l'Internet.

[8] Philosophe et historien du droit, aujourd'hui disparu.

[9] Michel VILLEY, *Le Droit Romain*, PUF, Que sais-je ?, 7e édition: 4e trimestre 1979, p. 119: "Qu'on nous permette ce paradoxe, il se pourrait quelque jour que les romanistes revinssent, pour leur humble part, à la pointe de l'actualité."

[10] Selon le philosophe Karl JASPERS, la "période axiale" se situerait aux alentours de 500 avant J-C. C'est cette période qui structure le développement de notre histoire universelle et à laquelle nous retournons sans cesse pour y puiser valeurs et inspirations. Pendant cette période l'homme se détache de la magie et du mythe et développe son esprit rationnel. *Cf.* Karl JASPERS, *Origine et sens de l'histoire*, traduit de l'Allemand par Hélène NAEF, avec la

collaboration de Wolfgang ACHTERBERG, Paris, Plon, 1954, voir notamment pour la définition et les caractéristiques de la "période axiale" pp. **8-10**, 18, 31, 68, 80, 93, 174, **330**.

[11] Nous approfondirons cette question dans le chapitre consacré à l'impact juridique des anciens Romains sur le monde virtuel.

[12] Par monde classique ou monde traditionnel, nous entendons le monde sans l'Internet.

[13] JEAN-JACQUES ROUSSEAU, *Discours sur les Sciences et les Arts, Discours sur l'Origine de l'Inégalité*, Paris, GARNIER-PLAMMARION, 1971, p. 205.

[14] Un tel lien est aussi souligné par Pierre GRIMAL en ce qui concerne l'ancienne Rome, p. 193.

[15] Jean-Marie PELT, *La vie sociale des plantes*, Paris, Fayard, 2ème édition, 1984, p. 164: "Les plantes ont su inventer un riche arsenal de substances chimiques diverses dont elles se servent pour défendre leur territoire.", *cf.* aussi p. 91 exemple des Mélèzes, p. 138, p. 149, p. 150, p. 153, p. 156 sur la difficulté pour de nouvelles plantes de s'implanter en territoire déjà occupé par d'autres plantes; p. 157, p. 160, p. 175, p. 262-263.

[16] En ce qui concerne les animaux Jean-Marie PELT, *op. cit.*, p. 150 et p. 222.

[17] En ce qui concerne l'ancienne Rome, *cf.* Pierre GRIMAL, *op. cit.*, p. 272 sur le temple de Tellus (la Terre).

[18] Brian Leigh MOLYNEAUX, *The Sacred Earth*, London, Macmillan, 1995, p. 44 et ss.

[19] Cité dans l'article "L'universalisme moderne à l'heure des identités: le défi singulier des peuples autochtones", Ghislain OTIS ET Bjarne MELKEVICK, in *Les Droits Fondamentaux*, BRUXELLES, BRUYLANT 1997, ACTES des 1ères Journées scientifiques du Réseau Droits fondamentaux de l'AUPELF-UREF: p 274 et ss.

[20] Harvey ARDEN, *Noble Red Man, Mathew King, un sage Lokota*, traduit de l'américain par Karin BODSON, Paris, Editions du Rocher, 1994, p. 101.

[21] Jean-Pierre MAGNANT, *Terre et pouvoir dans les populations dites "Sara" du Sud du Tchad*, Paris I, thèse, science politique, 1983.

[22] Jean-Pierre MAGNANT, *op. cit.* p. 148.

[23] Jean-Pierre MAGNANT, *op. cit.*, p. 149.

[24] Comparer avec l'ancienne Rome, où par des rites on éloigne les démons de la terre, *cf.* Pierre GRIMAL, *op. cit.*, p. 72 et p. 222.

[25] Jean-Pierre MAGNANT, *op. cit.*, p. 159 sur le rôle du prêtre de la terre: intermédiaire entre l'homme et les esprits: "On a déjà dit que ce n'était pas un chef mais un responsable du maintien de l'équilibre naturel ainsi que de l'ordre religieux. "; et pp. 160-161.

[26] Jean-Pierre MAGNANT, *op. cit.*, p. 150.

[27] Jean-Pierre MAGNANT, *op. cit.*, p. 156.

[28] Comparer avec la Rome archaïque où la terre était chose commune, les personnes n'ayant qu'un droit d'occupation. *cf.* Pierre GRIMAL, *op. cit.*, p. 191.

[29] Jean-Pierre MAGNANT, *op. cit.*, p. 156.

[30] Jean-Pierre MAGNANT, *op. cit.*, p. 197.

[31] Jean-Pierre MAGNANT, *op. cit.*, p. 169.

[32] Jean-Pierre MAGNANT, *op. cit.*, p. 171-172.

[33] Jean-Pierre MAGNANT, *op. cit.*, p. 156-157.

[34] Jean-Pierre MAGNANT, *op. cit.*, p. 170.

[35] Paul ALLIÈS, *L'invention du territoire,* Grenoble, 1980; Nicholas K. BROMLEY, *Law, Space and the Geographies of Power*, New York, 1994.

[36] Il s'agit d'une lecture personnelle des travaux d'Hans KELSEN.

[37] Hans KELSEN, *Théorie Pure du Droit, Introduction à la Science du Droit*, Neuchâtel, Editions de la Baconnière, Juin 1953 traduit de l'allemand par Henri THEVENAZ, titre allemand *Reine Rechtslehre* 1934. p. 12 et p. 60.

[38] Hans KELSEN, *op. cit.*, p. 7.

[39] Hans KELSEN, *op. cit.*, p. 17 et p. 56.

[40] Hans KELSEN, *op. cit.*, p. 12-14 et p. 17.

[41] Hans KELSEN, *op. cit.*, p. 59.

[42] Hans KELSEN, *op. cit.*, p. 53-54, et p. 55: "La justice absolue est un idéal irrationnel. Si indispensable qu'elle puisse être à la volonté et à l'action, elle échappe à la connaissance rationnelle et la science du droit ne peut explorer que le domaine du droit positif."

[43] Hans KELSEN, *op. cit.,* p. 111.

[44] Hans KELSEN, *op. cit.,* p. 64.

[45] Hans KELSEN, *op. cit.,* p. 142.

[46] Hans KELSEN, *op. cit.,* p. 13.

[47] Hans KELSEN, *op. cit.,* p. 43.

[48] Hans KELSEN, *op. cit.,* p. 50-51.

[49] Hans KELSEN, *op. cit.,* p. 53.

[50] Hans KELSEN, *op. cit.,* p. 43-44.

[51] Pourtant la notion d'imputation n'est pas scientifique, il s'agit bien d'un acte de volonté qui fait intervenir la subjectivité humaine.

[52] Hans KELSEN, *op. cit.,* p. 53 "Ayant un sens purement subjectif les vrais jugements de valeur sont en dehors du domaine scientifique, car l'objectivité est un élément essentiel de toute science."

[53] Hans KELSEN, *op. cit.,* p. 19, voir aussi: pp: 88-89 et pp. 88-89.

[54] Hans KELSEN, *op. cit.,* p. 20.

[55] Hans KELSEN, *op. cit.,* p. 34.

[56] Hans KELSEN, *op. cit.,* p. 42.

[57] Hans KELSEN, *op. cit.,* p. 33 et 39.

[58] Hans KELSEN, *op. cit.,* p. 33 et p. 39.

[59] Hans KELSEN, *op. cit.,* p. 166 et ss. les personnes sont régies par l'Etat qui est une personne morale (au sens de KELSEN), et parce qu'elles résident sur le territoire. Sur l'Etat comme point d'imputation, *cf.* p. 157-158.

[60] Hans KELSEN *op. cit.,* p. 154.

[61] Hans KELSEN, *op. cit.* p. 120.

[62] Hans KELSEN, *op. cit.* p. 173.

[63] Hans KELSEN, *op. cit.* p. 183.

[64] Hans KELSEN, *op. cit.* p. 168 et p. 184.

[65] Hans KELSEN, *op. cit.* p. 173 et p. 183.

[66] Hans KELSEN, *op. cit.* p. 176.

[67] Hans KELSEN, *op. cit.* p. 180.

[68] Pour une présentation des nouveaux courants de la philosophie du droit *cf.* Bjarne MELKEVIK, *Horizons de la philosophie du droit,* L'Harmattan, Paris, Montréal, PUL, 1998.

[69] *Cf.* les articles de Maurice FLORY, Marcel MERLE etc... (cités ci-après) dans *L'international sans territoire, op. cit.,* L'Harmattan, 1996; cf. Joe, VERHOEVEN, "Souveraineté et mondialisation: libres propos", in *La mondialisation du droit,* Sous la direction de Eric LOQUIN et Catherine KESSEDJIAN, Travaux du Centre de Recherche sur le droit des marchés et des investissements internationaux, Volume 19, Paris LITEC, 2000, p. 43-57, p 49. et 57.

[70] Maurice FLORY, "Le couple Etat-territoire en droit international contemporain", in *L'international sans territoire, op. cit.,* L'Harmattan, 1996, p. 251.

[71] Marcel MERLE, "Un système international sans territoire ?", *L'international sans territoire, op. cit.,* L'Harmattan, 1996, p. 289 et ss., p. 290.

[72] Maurice FLORY, "Le couple Etat-territoire en droit international contemporain", in *L'international sans territoire, op. cit* p. 251 et ss.

[73] *Ibid.,* p. 252.

[74] Maurice FLORY, "Le couple Etat-territoire en droit international contemporain", *op. cit.,* p. 264: "en conclusion, la notion de territoire en droit international n'est pas en crise."

[75] Marcel MERLE, "Un système international sans territoire ?", in *L'international sans territoire, op. cit.* p. 289 et ss., p. 291.

[76] *Cf.* Marcel MERLE, *op. cit.,* p. 295.

[77] *Cf.* Marcel MERLE, *op. cit.,* p. 295.

[78] Dans ce sens: Joe VERHOEVEN, "Souveraineté et mondialisation: libres propos", in *La mondialisation du droit,* Sous la direction de Eric LOQUIN et Catherine KESSEDJIAN, Travaux du Centre de Recherche sur le droit des marchés et des investissements internationaux, Volume 19, LITEC, 2000, p. 43-57, p 46: "...l'Etat ne parvient plus à imposer une fragmentation de l'espace, et un ordre corrélatif, au départ de ses frontières, pas plus qu'il n'assume (principalement) la régulation d'un système qu'il ne peut plus prétendre contrôler directement." Voir aussi p. 49 sur les difficultés rencontrées par les Etats pour exercer leur souveraineté. En ce qui

concerne les problèmes suscités par l'ineffectivité du critère territorial dans le domaine du droit d'auteur, *cf.* Paul Edward GELLER, "Conflicts of law in cyberspace: International copyright in a digitally networked world", in *The Future of Copyright in a Digital Environment*, editor P. Bernt HUGENHOLTZ, Procee-dings of the Royal Academy Colloquium, Amsterdam, 6-7 July 1995, The hague, London, Boston, KLUWER LAW INTERNATIONAL, 1996, p. 27-48, p. 48.

[79] Wladimir ANDREFF, "La déterritorialisation des multi-nationales: firmes globales et firmes réseaux", in *L'international sans territoire, op. cit.*, L'Harmattan, 1996, p. 373 et ss.

[80] Wladimir ANDREFF, *op. cit., p.* 392.

[81] Martin CARNOI, Manuel CASTELLS, Stephen S. COHEN, Fernando Henrique CARDOSO, *The New Global Economy in the Information Age*, The Pensylvania State University Press, The MACMILLAN PRESS LTD 1993.

[82] Francis BALLE, *Médias et Sociétés, de Gutenberg à Internet*, Paris, Montchrestien, précis Domat, 1997.

[83] Francis BALLE, *op. cit., p.* 699.

[84] *Ibid.*

[85] Sur la définition économique du terme mondialisation (globalization) *cf.* Joe VERHOEVEN, "Souveraineté et mondialisation: libres propos", in *La mondialisation du droit*, Sous la direction de Eric LOQUIN et Catherine KESSEDJIAN, Travaux du Centre de Recherche sur le droit des marchés et des investissements internationaux, Volume 19, Paris, LITEC, 2000, p. 43-57, p. 45.

[86] *Cf.* par exemple les mesures législatives concernant l'obligation d'utiliser la langue française, le Conseil d'Etat, dans son rapport précité, a reconnu: "Le champ d'application de la loi paraît donc très large et inclure les services en ligne sans restrictions spécifiques.... Le problème est plus délicat en pratique pour ce qui concerne les services téléchargés en ligne. Un contrôle du respect de l'emploi de la langue française paraît dans ce cas bien difficile à opérer." et il conclut: "De même, il paraît difficile d'imposer l'emploi de la langue française pour la publicité lorsque les messages n'ont pas été conçus à destination des consommateurs français." Conseil d'Etat, France, *Internet et les réseaux numériques, étude adoptée par l'Assemblée générale du Conseil d'Etat le 2 juillet 1998*, Paris, La Documentation française, 1998, p. 35 et ss.

[87] Le Conseil d'Etat, chargé par le Premier ministre "d'analyser les questions juridiques liées au développement d'Internet et de mettre en lumière les adaptations nécessaires de notre droit" a constaté à maintes reprises dans le rapport qu'il a rendu qu'il n'y a pas de vide juridique concernant l'Internet et que la loi française continue de s'appliquer. Toutefois, il mentionne les difficultés relatives à la dimension mondiale de l'Internet et souligne la difficulté pour le droit de s'adapter à un espace sans territoires. Conseil d'Etat, France, *Internet et les réseaux numériques, étude adoptée par l'Assemblée générale du Conseil d'Etat le 2 juillet 1998*, Paris, La Documentation française, 1998.

[88] De la terre, puis des immeubles agricoles, puis des immeubles tout court, puis des biens meubles matériels représentant une certaine valeur (automobiles, avions, bateaux par exemple), puis -très récemment- de ce qui a été improprement baptisé: "droit de propriété intellectuelle".

[89] Traduit de l'anglais: "The ideas of economists and legal thinkers as well as of those engaged in the social conflicts revolve equally and solely around the external tangible goods, the economic values.", Frederik Vinding KRUSE, *The Right of Property*, London, New York, Toronto, Oxford University Press, 1939, p. 80. Pour une analyse récente dans le même sens *cf.* James Dale DAVIDSON et William REES-MOGG, *The Sovereign Individual, The Coming Economic Revolution*, London, MACMILLAN, 1997.

[90] *Ibid.*, p. 80, traduit de l'anglais: "....goods which are only on the point of coming into existence, which are at their earliest stage of development, but which seem to me to be those which future man will look upon as the greatest of values."

[91] Frederik VINDING KRUSE, *The Right of Property*, London, New York, Toronto, Oxford University Press, 1939. p. 75: Il s'agit des droits intellectuels.

[92] *Ibid.*, p. 75, traduit de l'anglais: "Only a century ago all these rights were, generally speaking, of insignificant practical importance, but in modern times not only the extensive work of legislation in this sphere which has gradually been carried into practice in most countries but also the records of the law courts testify to the crucial importance which these rights have gained in practical business."

[93] *Ibid.*, p. 107-109.

⁹⁴ Nous ne définirons pas ici la notion de droit réel ou de droit personnel. Ce sont des notions qui ont donné lieu à des discussions doctrinales très abondantes dont nous reparlerons dans la partie destinée à la distinction des droits réels et personnels. Contentons-nous de dire pour l'instant qu'il s'agit des droits subjectifs réels ou personnels tels qu'ils sont formulés dans le droit positif contemporain des systèmes de droit continental.

⁹⁵ Michel VILLEY, *Le Droit Romain*, PUF, Que Sais-Je ?, 7e édition, 1979, p. 19.

⁹⁶ Désormais accessible, tout comme d'autres données juridiques sur l'Internet, à l'adresse suivante: http://www.legifrance.gouv.fr.

⁹⁷ En ce sens *cf.* François TERRÉ, *Introduction Générale au Droit*, Paris, Dalloz, 4ème édition, 1998, p. 61: "Le Code Civil attache une importance particulière à la propriété. Le plan du code est caractéristique à cet égard, presque toutes les institutions étant ramenées au droit de propriété."

⁹⁸ En ce sens *cf.* François TERRÉ, *Introduction Générale au Droit*, op. cit., p. 62, à propos du Code Civil, l'auteur écrit: "Toute sa sollicitude va aux immeubles."

⁹⁹ *Cf.* définitions in Raymond GUILLIEN et Jean VINCENT, *Lexique des termes juridiques*, Paris, Dalloz, 1988: p. 56: Bien, p. 83: choses, p. 241: immeubles, p. 298-299: meubles.

¹⁰⁰ Michel VILLEY, *Le Droit Romain*, PUF, Que Sais-je ?, 7e édition,1979, p. 76: "Il a fallu du reste artificiellement inclure, lorsque les choses incorporelles ont fait à leur tour leur entrée dans le droit français, tel droit ou telle créance parmi les meubles, telle autre plus importante dans les immeubles, bien que les droits et les créances ne soient au sens étymologique du mot, ni mobiles ni immobile. Pour continuer à englober l'ensemble des biens, la distinction s'est compliquée à l'infini; elle n'est pas très heureuse."

¹⁰¹ Michel VILLEY, *Le Droit Romain*, Paris, PUF, Que sais-je ? 7e édition, p. 70, sur l'apparition des choses incorporelles à la fin de la République.

¹⁰² Michel VILLEY, "Les origines de la notion de droit subjectif", *Archives de Philosophie du Droit*, Paris, Recueil SIREY, 1953-54, p. 163-187, p. 167. Sur la déformation des enseignements du droit romain classique *cf.* Michel VILLEY, "La notion romaine classique de *Jus* et le *Dikaion* d'Aristote", *La filosofia greca e il diritto*

172

romano, Roma, Accademia Nazionale dei Lincei, 1976, p. 71-79, p. 76.

[103] Sur les origines médiévales, les motifs de cet adage et sa reprise par le Code Civil de 1804, *cf.* Henri ROLAND, Laurent BOYER, *Adages du droit français*, Paris, Litec, 1999, p. 796; François TERRÉ, *Introduction Générale au Droit*, Paris, Dalloz, 4ème édition, 1998, p. 342-344.

[104] Michel VILLEY, *Le Droit Romain*, Paris, PUF, Que Sais-je ? 7e édition, p. 76.

[105] A partir de laquelle les anciens Romains avaient élaboré la distinction entre *actio in rem* et *actio in personam*.

[106] Andrew B. WHINSTON, Dale O. STAHL, Soon-Yong CHOI, *The Economics of Electronic Commerce,* Indianapolis, Indiana, MacMillan Technical Publishing, 1997, p. 178-179

[107] Selon Pierre BOURDIEU "...le droit le plus rigoureusement rationalisé n'est jamais qu'un acte de magie sociale qui réussit." Pierre BOURDIEU, *Ce que parler veut dire, l'économie des échanges linguistiques*, PARIS, Fayard, 1982, p. 20.

[108] Le Code de la propriété intellectuelle énonce (article L; 111-1) dans le Chapitre 1er consacré à la "Nature du droit d'auteur": "L'auteur d'une oeuvre de l'esprit jouit sur cette oeuvre, du seul fait de sa création, d'un droit de propriété incorporelle exclusif et opposable à tous." Il précise (à l'article L. 111-3): "La propriété incorporelle définie par l'article L. 111-1 est indépendante de la propriété de l'objet matériel".

[109] *Cf.* Le traité de l'OMPI sur le droit d'auteur, Genève, décembre 1996, article 6: sur le transfert de propriété du droit d'auteur. Aucune analyse de la nature du droit d'auteur n'est tentée dans le préambule.

[110] Qui ne distinguaient pas de manière fortuite entre *actio in rem* et *actio in personam*, distinction que nous approfondirons ultérieurement.

[111] *Cf.* pour Michel VILLEY, les obligations naturelles existent avant les obligations juridiques: Michel VILLEY, "Métamorphoses de l'obligation", *Archives de Philosophie du Droit*, Communication au congrès de l'Institut International de Philosophie politique sur "l'obligation politique" 4 juillet 1969, p. 297.

[112] Par exemple le groupe Vivendi et Suez Lyonnaise: "Après Vivendi, c'est donc au tour de Suez Lyonnaise, qui affiche également

de fortes ambitions dans les télécommunications et l'Internet, de se désengager des métiers traditionnels de la construction.": les Echos, jeudi 13 juillet 2000, Paris, p. 1 et 12-13.

[113] Même si pour le moment le contenu de certains medias laisse, parfois, à désirer.

[114] En ce qui concerne l'évolution du commerce lié à l'immatériel *cf.* Serge GUÉRIN, *Internet en questions*, Paris, Economica, 1997, p. 87, p. 91, p. 71, p. 86.

[115] Wladimir ANDREFF, "La déterritorialisation des multinationales: firmes globales et firmes réseaux", *L'international sans territoire*, sous la direction de Bertrand BADIE et Marie-Claude SMOUTS, Paris, L'Harmattan, 1996, p. 373-396, p. 392.

[116] Ce phénomène fait souvent les grands titres de la presse quotidienne, par exemple le journal France soir cite David FILO, et Jerry Yang, inventeurs du moteur de recherche Yahoo et publie en couverture un article qui a pour titre "Milliardaire à 30 ans" et débute ainsi: "Aux Etats-Unis comme en France, Internet et le portable font éclore des fortunes fabuleuses. la folie boursière sur les valeurs high-tech a transformé des potaches en Crésus...", France Soir, Paris, 22 décembre 1999, p. 1-3. Il a été prévu que "En 2003, il (le marché) devrait atteindre les 1 000 milliards de dollars", Sources IDC et Center for Research in electronic Commerce - University of Texas, cité par *Les cahiers de l'économie digitale*, Décembre 1999, p. 8. Sur l'histoire du navigateur Netscape, *cf.* Joshua QUITTNER & Michelle SLATALLA, *Speeding the net*, London, Orion Business Books, 1998.

[117] Pour une définition du mot *persona cf.* Michel BREAL et Anatole BAILLY, *Dictionnaire étymologique latin*, Paris, Hachette, 1898, p. 260.

[118] Marcel MAUSS, *Sociologie et anthropologie*, Paris, PUF/QUADRIGE, 8ème édition, 1999, "Essai sur le don" p. 143-279, Extrait de l'Année Sociologique, seconde série, 1923-1924, tome I., p. 350: "Il semble bien que le sens originel du mot soit exclusivement "masque". Naturellement, l'explication des étymologistes latins, *persona* venant de *per/sonare*, le masque à travers (*per*) lequel résonne la voix (de l'acteur) est inventée après coup. (Bien qu'on distingue entre *persona* et *persona muta*, le personnage muet du drame et de la pantomime)."

[119] Jean-Marc TRIGEAUD, *Persona ou la justice au double visage*, Genova, Studio Editoriale di Cultura, 1997: p. 49.

[120] Jean-Marc TRIGEAUD, *Persona ou la justice au double visage*, Genova, Studio Editoriale di Cultura, 1997, p. 63.

[121] Stamatios TZITZIS, *Qu'est-ce que la personne ?*, Paris, Armand Colin, 1999, p. 9: sur la différence entre la personne chrétienne et la personne grecque. "Ainsi l'homme ne retourne pas, comme chez les Grecs, au sein de la *physis*, mais s'élève, âme immortelle, jusqu'à l'être divin qui est sa cause première... Dans cette perspective, la personne désigne l'homme qui porte sur la terre les signes de la présence divine." et p. 10: "...l'*anthropos* est un microcosme à l'image du macrocosme. C'est pourquoi, l'idée de personne, comme nous la rencontrons à l'époque moderne est inexistante chez les Grecs. "

[122] Nous approfondirons la distinction romaine entre *actio in rem* et *actio in personam* ultérieurement.

[123] Claude LEVI-STRAUSS, *La voie des masques*, Paris, Editions PLON, collection Agora, 1979, p. 21 sur le rôle purificateur de la sortie des masques, p. 24 sur le pouvoir de guérir conféré par le masque.

[124] C'est aussi le cas dans l'ancienne Rome où comme l'explique Pierre GRIMAL, dans les rites funéraires, des personnes portant le masque d'ancêtres étaient censées les manifester. Pierre GRIMAL, *op. cit.*, p. 72.

[125] Claude LEVI-STRAUSS, *op. cit.* p. 57.

[126] Dans magique il y a le mot imagination qui est une fonction du cerveau. Voici ce que dit Jung à propos de la magie en rapport avec les peuples primitifs: "Je doute qu'il existe des primitifs qui ne connaissent "l'action ou la substance magique". ("Magique" n'est à ce niveau qu'un autre terme pour exprimer la dimension du psychique)." *Dialectique du Moi et de l'inconscient*, C.G. JUNG, Paris, Gallimard, collection Folio, Essai 1964,Traduit de l'allemand, préfacé et annoté par le docteur Roland CAHEN, p. 137.

[127] Joseph SARRAF, *La notion du droit d'après les Anciens Egyptiens*, Rome, Città del Vaticano, Libreria editrice vaticana,1984, Collana storia e attualità, n° 10, p. 41: "les recherches archéologiques font pourtant état de cachettes dans lesquelles un opérateur (un prêtre) pouvait se dissimuler pour parler à travers la statue ou lui faire "hocher la tête".

[128] Joseph SARRAF, *op. cit.*, p. 103.

[129] Les égyptologues considèrent qu'à un certain moment de l'histoire égyptienne, il n'y avait pas de place pour le salut l'âme individuelle hormis celle du roi, (le salut était collectif dans la mesure ou le roi revivait dans l'autre monde après sa mort s'il avait été juste, il gardait dans l'au-delà le même statut, donc son peuple devait vivre avec lui dans l'au-delà pour qu'il puisse continuer à régner, car être roi sans peuple est impossible.)

[130] Stamatios TZITZIS, *Esthétique de la Violence*, Paris, PUF, 1997, p. 81.

[131] Sur l'idée qu'il n'y a pas de vide juridique pour l'Internet, *cf.*: Valérie SéDALLIAN, *Droit de l'Internet*, Paris, Net Press, collection AUI, 1997, Sur la jaquette du livre, Alain WEBER estime que "Le livre magistral de Maître SéDALLIAN est le démenti le lus vif à la rumeur selon laquelle l'Internet aurait ouvert une brèche de non-droit qu'il conviendrait de combler." Dans l'avant-propos écrit par Meryem MARZOUKI, on peut lire: "L'AUI a beaucoup oeuvré depuis le début de l'année 1996 afin de démystifier Internet et de lutter contre le catastrophisme des tenants du "vide juridique" et autre billevesées. " (AUI: Association des Utilisateurs d'Internet. http:// www.aui.fr); Olivier ITEANU *Internet et le droit, Aspect juridiques du commerce électronique*, Paris, Eyrolles, 1996, p. 8; Pierre BRESSE, Gautier KAUFMAN,*Guide juridique de l'internet et du commerce électronique*, Paris, Vuibert, 2000, p. 15; *Internet, Aspects juridiques*, sous la direction de Alain BENSOUSSAN, Paris, Hermès, 1996, p. 11; Jean MARTIN, "Le cyberespace: un prétendu vide juridique", Le Monde, 3 mai 1996, p. 15. La liste des références pourrait s'allonger à l'infini car, finalement il est tout à fait logique que les juristes positivistes aient horreur du vide. Comme l'observe Jean-Pierre CLAVIER, *Les catégories de la propriété intellectuelle à l'épreuve des créations génétiques*, Paris et Montréal, L'Harmattan, 1998, p. 18: les "vides juridique" sont "jugés inacceptables" par les juristes et il cite Stéphane RIALS, "Ouverture: Quelles crises ? Quel droit ?", *Crises dans le droit*, Paris, Droits n° 4, PUF, 1986, qui dit: " L'expression doit être réservée à un usage journalistique ! Elle est aussi inexacte que dangereuse. "La lacune des textes n'est pas forcément celle des principes". De même Hans KELSEN n'admettait pas l'existence de véritables lacunes juridiques, *op. cit.*, p. 147: "La théorie de la lacune a donc un caractère idéologique très marqué. Dans les cas où le juge, pour des raisons de politique juridique, estime inopportun d'appliquer la loi, cette théorie prétend qu'il est logiquement impossible de l'appliquer."

[132] Nous verrons un peu plus loin que les romanistes, malgré l'avancée de l'égyptologie permise par Jean-François CHAMPOLLION, en sont restés dans le meilleur des cas aux sources grecques de l'époque axiale. Les progrès de l'égyptologie permettent aujourd'hui de remonter beaucoup plus loin dans le temps, de mettre en évidence les liens entre le droit romain archaïque et l'Egypte pré-axiale. Si la Grèce nous permet de mieux comprendre le droit romain d'époque classique qu'elle a fortement influencé, les progrès de l'égyptologie permettent aujourd'hui de porter un regard plus informé sur le droit romain archaïque. Il faut tout de même citer quelques rares auteurs qui, malgré l'approche dominante positiviste du droit romain, ont souligné depuis un certain temps déjà le lien entre le droit romain archaïque et l'ancienne Egypte: Eugène REVILLOUT, *Les origines égyptiennes du droit civil romain*, Paris, Librairie Paul Geuthner, 1912; Paul HUVELIN, *Les tablettes magiques et le droit romain*, Macon, Protat Frères, 1901, p. 5: sur les rapprochements tablettes magiques grecques et romaines et les papyri égyptiens.

[133] Et de l'impact juridique des anciens Romains sur le monde virtuel.

[134] Dans les systèmes juridiques de droit continental.

[135] **Pour une étude détaillée des diverses doctrines jusqu'à la fin du 19e siècle,** *cf.* H. MICHAS, *Le droit réel considéré comme une obligation passivement universelle*, Paris, thèse, 1900, qui comprend un exposé exhaustif de la doctrine jusqu'en 1900. L'auteur cite notamment: Charles TOULLIER, *Le droit civil français*, Paris, 5e éd., 1830, tome III, p. 55, n° 84; Alexandre DURANTON, *Cours de droit français*, 2e édition, Paris, 8e édition, 1828, tome IV, p. 182, n° 225; MARCADé, *Explication du Code Civil*, Paris, 1886, tome II, p. 364, n° 357; DEMOLOMBE, *Cours de Code Napoléon*, Paris, 1854, t IX, p. 354; AUBRY ET RAU *Cours de droit civil français*, Paris, 5e éd.tome II, 1897, p. 72 et 73, par. 172; BOITEUX, *Commentaire sur le Code Napoléon*, Paris, 6e édition, 1852, tome II, p. 645 à 647; DELVINCOURT, *Cours de droit civil*, Paris, 2e édition, 1825, tome II, p. 309; BAUDRY-LACANTINERIE, *Précis de droit civil*, Paris, 6e éd., tome I, p. 646 et ss.; BOISTEL, *Cours de philosophie du droit*, Paris, 2 volumes, 1899; LESENNE *De la propriété avec ses démembrements*, Paris, 1858, p. 200, n° 396; MOURLON ET DEMANGEAT, *Répétitions écrites sur le Code Civil*, Paris, 13e éd., 1896, tome I, p. 718.
Pour la doctrine du début du 20ème siècle *cf.:* Louis RIGAUD, *Le droit réel, histoire et théories, son origine institutionnelle*, Toulouse,

thèse, 1912; Georges RIPERT, *De l'exercice du droit de propriété dans ses rapports avec les propriétés voisines*, Aix, thèse, 1902; R. QUERU, *Synthèse du droit réel et du droit personnel, Essai d'une critique historique et théorique du réalisme juridique*, Caen, thèse, 1905; C. PRODAN, *Essai d'une théorie générale des droits réels*, Paris, thèse, 1909; René DEMOGUE, *Les notions fondamentales du droit privé, Essai critique pour servir d'introduction à l'étude des obligations*, Paris, Rousseau, 4 vol. in-8e, 1911; Marcel PLANIOL *Traité élémentaire de droit civil*, Paris, Pichon, 5e édition, 3 volumes, 1908, et 6e édit. tome I, 1911; Henri CAPITANT, *Introduction à l'étude du droit civil*, Paris, 2e éd., 1904, pp. 77-78; Jean DABIN "Les droits intellectuels comme catégorie juridique", Revue critique de législation et de jurisprudence, 1939. La liste n'est pas exhaustive, nous ne saurions citer tous les auteurs qui se sont intéressés à la distinction des droits, soit dans le cadre du droit civil classique, soit à l'occasion des problèmes de classification des "nouveaux droits" des auteurs d'oeuvres littéraires et artistiques ou des inventeurs. Pour ce qui concerne la distinction des droits réels et personnels confrontée aux droits des auteurs, *cf.* Pierre RECHT, *Le droit d'auteur, une nouvelle forme de propriété*, Paris, LGDJ, 1969, passim; Frederik VINDING KRUSE, *The Right of Property*, London, New York, Toronto, Oxford University Press, 1939.

[136] La question de la distinction des droits a fait couler beaucoup d'encre et tous les civilistes s'y sont intéressés dans la mesure où il s'agit d'une distinction fondamentale. La bibliographie que nous indiquons ci-après n'est pas complète, elle pourrait s'allonger à l'infini tant la question a suscité et suscite encore aujourd'hui des débats.

Pour des opinions plus récentes *cf.* Jean DERUPPÉ, *La nature juridique du droit du preneur à bail et la distinction des droits réels et des droits de créance*, Paris, Dalloz, 1952; Hassen ABERKANE, *Contribution à l'étude de la distinction des droits de créance et des droits réels*, Paris, LGDJ, 1957; G. MARTY et P. RAYNAUD, *Droit civil, Introduction générale à l'étude du droit*, Paris, SIREY, 1972, p. 482, n° 302, Samuel GINOSSAR *Droit réel, propriété et créance - élaboration d'un système rationnel des droits patrimoniaux*, Paris, LGDJ, 1960; Claude BOQUET, *De l'opposabilité aux tiers comme caractéristique du droit réel: essai d'épistémologie juridique sur la base des droits allemand, français et suisse*, Genève, Avenir, 1978; Marc LEVIS, *l'Opposabilité du droit réel*, Paris II, thèse, 1985.

[137] A titre d'exemple nous citerons quelques manuels de base: François TERRÉ, *Introduction Générale au Droit*, Paris, Dalloz, 4ème édition, 1998, p. 347; François TERRÉ, Philippe SIMLER, Yves LEQUETTE, *Droit civil, les obligations*, Paris, Dalloz, 1999, n° 3: "Alors que le droit réel, s'exerçant directement sur la chose, est *absolu*, de sorte qu'il peut être invoqué par son titulaire à l'égard de toutes autres personnes, le droit personnel est *relatif*, c'est-à-dire qu'il n'établit de rapport qu'entre le créancier et le débiteur; c'est seulement de ce dernier que le créancier peut exiger la prestation objet du droit."; Pierre VOIRIN, *Droit civil*, tome I, Paris, L.G.D.J., 1999, p. 30; au sujet de la classification des droits subjectifs d'après leur objet, l'auteur écrit: "Une des caractéristiques des droits réels est d'être opposable à tous.". Pour le droit allemand *cf.* Werner F. EBKE, Matthew W. FINKIN, *Introduction to German law*, The Hague, London, Boston, Kluwer Law International, 1996, p. 229.

[138] Il s'agit d'un professeur de droit Danois: Frederik VINDING KRUSE, *The Right of Property*, Oxford University Press, London, New York, Toronto, 1939, p. 124.

[139] *Ibid.,* p. 125, traduit de l'anglais: "The doctrine of the distinction between real rights and obligatory rights (rights *in rem* and rights *in personam*) forms one of the most extraordinary chapters in the history of human error."

[140] *Ibid.,* p. 125, traduit de l'anglais: "In recent years the doctrine of the distinction between real and obligatory rights has occasioned a dispute as to whether the difference between these types of rights must be sought in the content of the right... or in the real protection or in both relations, but it has not been possible to arrive at any agreement or even obtain lucidity on this point. And there is no result to arrive at, for all this discussion is quite futile, an unnecessary waste of energy that might be applied to better purposes." *Cf.* aussi même page, sur les questions doctrinales inutiles qu'il vaudrait mieux éviter dans le futur.

[141] Hans Kelsen, *Théorie Pure du Droit*, Introduction à la Science du Droit, Editions de la Baconnière, Neuchâtel, Juin 1953. L'auteur critique la distinction à la source dans la mesure où il nie l'existence véritable de tous les droits subjectifs au sens moderne du terme. Il n'existerait pas selon l'auteur, de dualité entre droit objectif et droit subjectif. Il écrit p. 102: "Pour elle (la théorie pure du droit) ces deux droits sont de même nature. Le second n'est qu'un aspect du premier...."

[142] Hans KELSEN, *op. cit.,* p. 100.

[143] Il aurait été intéressant d'étudier plus en détail l'ouvrage de René DEMOGUE, mais il est introuvable et nous travaillons à partir de la synthèse et des citations qui ont été faites par Louis Hortensius RIGAUD, *Le droit réel, histoire et théories, son origine institutionnelle,* thèse, Toulouse, 1912, p. 179.

[144] Louis Hortensius RIGAUD, *op. cit.,* p. 196.

[145] Même si nous pouvons encore trouver quelques thèses de droit qui se rapportent au sujet.

[146] A titre d'exemple, *cf.* Pierre VOIRIN, *Droit civil,* Paris, L.G.D.J., tome I 1999, p. 30 et s. qui classe les droits subjectifs d'après leur objet: chose, personne, activité intellectuelle etc...

[147] Marcel PLANIOL, *Traité élémentaire de droit civil,* 5ème édition, Paris, Pichon, tome I, 1908-1910, n° 2162: "D'où vient le mot *droit réel* ? Il est de formation relativement récente. L'adjectif *realis* n'existe pas dans la latinité classique. Bien plus: les Romains n'ont jamais eu d'expression générale pour l'ensemble des droits que nous nommons réels; ils appelaient chaque catégorie de son nom particulier: *Dominium, usus, fructus...* Le mot "réel" a été tout naturellement employé par les commentateurs pour traduire la formule *actio in rem* et pour faire antithèse au mot *personales actiones,* déjà usité sous l'Empire (ULPIEN, au Digeste, Liv. L. tit. 16, fr. 178, 1 2)".

[148] La notion large de droit subjectif au sens de prérogative individuelle est selon Michel VILLEY une invention des 16e et 17e siècles. *Cf.* Michel VILLEY, "Les origines de la notion de droit subjectif", *Archives de Philosophie du Droit,* Paris, Recueil SIREY, 1953-54, p. 163-187, p. 167. La notion de droit réel selon le même auteur n'est pas une notion romaine mais résulte d'une déformation du droit romain. *Cf.* Michel VILLEY, *Suum jus cuique tribuens,* Milano, Giuffré, 1954, p. 362: "...cette notion-là n'est pas romaine, mais elle est beaucoup plus tardive..... Ni le terme d'*actio in rem,* ni l'expression de *jus in re* ne nous paraissent recouvrir cette notion, ni même l'impliquer."

[149] En ce sens Frederik VINDING KRUSE, *The Right of Property,* London, New York, Toronto, Oxford University Press, 1939, p. 130. Malheureusement l'auteur ne fait que survoler la distinction romaine et s'arrête au droit romain classique.

[150] Selon Michel VILLEY, à partir des 16e et 17e siècles les romanistes ont plaqué sur le droit romain la philosophie de leur époque. Michel VILLEY décrit comment la perception du droit naturel antique a été rejetée par la philosophie des 16e et 17e siècles et comment de la notion d'ordre naturel, nous sommes parvenus au concept de droit subjectif naturel, individuel. Il cite comme exemple Accarias, romaniste très réputé du 19e siècle pour illustrer la façon dont le glissement de sens du mot *jus* s'est opéré en faveur de la notion du droit subjectif. Cette notion est conforme à l'individualisme du temps d'Accarias mais n'a plus de rapport avec le concept de *jus* du droit romain classique. Et tout le sens et le but de la justice romaine en est faussé. Michel VILLEY, *Suum jus cuique tribuens*, Milano, Giuffré, 1954, passim. *Cf.* sur la déformation du droit romain classique: Michel VILLEY, *Suum jus cuique tribuens*, Milano, Giuffré, 1954, p. 366, 368 et 370; Michel VILLEY, "La notion romaine classique de *Jus* et le *Dikaion* d'Aristote", La filosofia greca e il diritto romano, Roma, Accademia Nazionale dei Lincei, 1976, p. 71-79, p. 71, p. 76; Michel VILLEY, "Métamorphoses de l'obligation", *Archives de Philosophie du Droit*, Communication au congrès de l'Institut International de Philosophie politique sur "l'obligation politique" 4 juillet 1969, p. 288.

[151] L. PAZZOLINI, *La nuova scuola*, 1965, p. 423, cité par Michel VILLEY, "Métamorphoses de l'obligation", *Archives de Philosophie du Droit*, Communication au congrès de l'Institut International de Philosophie politique sur "l'obligation politique" 4 juillet 1969.

[152] POTHIER, *OEUVRES*, Paris, 1847, tome IX, *Traité du droit de domaine de propriété*, p. 107, n° 7, POTHIER écrit:"le domaine de propriété étant un droit par lequel une chose est en notre pouvoir, par lequel nous pouvons en disposer comme bon nous semble, de toutes les manières que nous jugerons à propos ". C'est cette théorie qui a inspiré aussi le Code Civil français, *cf.* article 544 du Code Civil: "La propriété est le droit de jouir et de disposer des choses de la manière la plus absolue, pourvu qu'on n'en fasse pas un usage prohibé par les lois ou par les règlements."

[153] H. MICHAS, *Le droit réel considéré comme une obligation passivement universelle*, thèse, Paris 1900, p. 59 L'auteur a réalisé une anthologie de la doctrine classique française, et cite de nombreux partisans de cette doctrine, notamment: Charles TOULLIER, *Le droit civil français*, 5e éd., Paris, 1830, tome III, p. 55, n° 84; DURANTON, *Cours de droit français*, 2e édition, Paris, 1828, tome IV, p. 182, n° 225; MARCADé, *Explication du Code Civil*, 8e

édition, Paris, 1886, tome II, p. 364, n° 357; DEMOLOMBE, *Cours de Code Napoléon*, Paris, 1854, tome IX, p. 354; AUBRY ET RAU *Cours de droit civil français*, tome II, 5e éd, Paris, 1897, p. 72 et 73, par. 172; BOITEUX, *Commentaire sur le Code Napoléon*, 6e édition, Paris, 1852, tome II, p. 645 à 647; DELVINCOURT, *Cours de droit civil*, 2e édition, Paris 1825, tome II, p. 309; BAUDRY-LACANTINERIE, *Précis de droit civil*, 6e éd., tome I, p. 646 et ss.; BOISTEL, *Cours de philosophie du droit*, 2 volumes, Paris, 1899; LESENNE *De la propriété avec ses démembrements*, Paris, 1858, p. 200, n° 396; MOURLON ET DEMANGEAT, *Répétitions écrites sur le Code Civil*, 13e édition, Paris, 1896, tome I, p. 718. Pour des auteurs plus récents: Henri CAPITANT, *Introduction à l'étude du droit civil*, 2e éd., 1904, pp. 77-78; Jean DABIN "Les droits intellectuels comme catégorie juridique", *Revue Critique de Législation et de Jurisprudence*, 1939; G. MARTY et P. RAYNAUD, *Droit civil, Introduction générale à l'étude du droit*, SIREY, 1972, p. 482, n° 302.

[154] Marcel PLANIOL *Traité élémentaire de droit civil*, 5e édition, 3 volumes, Paris, Pichon, 1908, et 6e édit. tome I, 1911.

[155] A titre d'exemple *cf* quelques manuels de base déjà cités note 136.

[156] Cité par Louis RIGAUD, *op. cit.*, p. 196.

[157] *Cf.* Frederik VINDING KRUSE, *The Right of Property*, London, New York, Toronto, Oxford University Press, 1939.; Samuel GINOSSAR *Droit réel, propriété et créance - élaboration d'un système rationnel des droits patrimoniaux*, Paris, LGDJ, 1960, p. 45.

[158] Samuel GINOSSAR, *op. cit.*, se distingue en partant du caractère absolu ou relatif des droits. Selon cet auteur, tous les droits seraient à la fois absolus et relatifs et le droit de propriété se superposerait à tous les autres droits. Il écrit p. 112: "L'actif de tout patrimoine" lui "apparaît comme un ensemble de droits de propriété, ayant pour objet soit des choses corporelles, qui peuvent être des meubles ou immeubles, soit des droits relatifs (de créance ou d'obligation), qui peuvent être soit personnels, soit réels, selon le mode de détermination du sujet passif individuel". L'auteur estime que la solution de l'énigme tient à la place prépondérante du droit de propriété qui domine toutes les autres sortes de droits et les complète donnant par ce biais la dimension de droit absolu à tous les autres droits relatifs.

[159] Edmond PICARD, *Le droit pur - Cours d'Encyclopédie du droit- les permanences juridiques abstraites*, Paris, éd. Félix Alcan, 1899.

[160] *Ibid.*, p. 109.

[161] Frederik Vinding KRUSE, *op. cit.*, p. 107-110.

[162] Frederik Vinding KRUSE, *op. cit.*, p. 107 "...the right of property is normally a definite set of powers." (...le droit de propriété est normalement un ensemble déterminé de pouvoirs.)

[163] Frederik Vinding KRUSE, *op. cit.*, p. 109 "... the powers are broadly speaking constant, the object of the powers, the goods on which the powers react, vary considerably and over a wide field. Powers... do not vary because the object instead of being an external object such as real or movable property may be an invention, a design, a trade-mark."
(... d'une manière générale, les pouvoirs sont constants, les objets des pouvoirs, les biens sur lesquels les pouvoirs portent, varient considérablement. Les pouvoirs... ne varient pas quand l'objet, au lieu d'être un objet extérieur tel une chose tangible ou mobilière s'avère être une invention, un dessin, une marque.)

[164] L'un des grand défenseurs de la théorie propriété incorporelle fut Louis JOSSERAND "Configuration du droit de propriété dans l'ordre juridique nouveau", *Mélanges juridiques, dédiés à Monsieur le Professeur SUGIYAMA*, TOKIO 1940.

[165] A laquelle on a parfois ajouté des éléments tels que la nature absolue ou relative de l'opposabilité des droits.

[166] *Cf.* Jean DABIN, "Les droits intellectuels comme catégorie juridique", Paris, *Revue Critique de Législation et de Jurisprudence*, 1939.

[167] KOHLER, in J. BONNET, *Etude de la législation allemande sur les brevets d'invention*, Paris, thèse, 1902.

[168] Paul ROUBIER, *Droit de la propriété industrielle*, tome I, Sirey, p. 102; Paul ROUBIER, *Droits subjectifs et situations juridiques*, Paris, Dalloz, 1963.

[169] Michel VILLEY, "Historique de la nature des choses", Paris, *Archives de Philosophie du Droit*, tome X, 1965, p.: 267-283, p. 277: "La doctrine du droit naturel ancienne classique, authentique, est que le droit doit être tiré de l'observation de *toute la nature* et je dirai précisément de la nature des *choses*. Et précisément dans ce sens où

l'entendent nos théoriciens actuels de la nature des choses: les *choses de l'univers social...*". Sur le sens du concret des Romains et de la langue latine *cf.* Pierre GRIMAL, *op. cit.,* p. 158, 161, 163.

[170] Michel VILLEY, "Métamorphoses de l'obligation", *op. cit.,* p. 291.

[171] Dans le cas de l'Internet, nous parlerions du monde virtuel.

[172] Sören KIERKEGAARD, *Traité du désespoir,* Traduit du danois par Knud FERLOV et Jean-Jacques GATEAU, Paris, Gallimard, Folio Essais, 1949, p. 61; *cf.* également p. 87 et p. 89: "Le moi est formé d'infini et de fini ".

[173] Emmanuel KANT, *Métaphysique des moeurs, Première partie, Doctrine du Droit,* Paris, Vrin, 1993, p. 241, note 1.

[174] *Ibid.,* p. 161.

[175] Sur le caractère concret de l'ancien droit romain et sur le fait que le droit n'était pas isolé de la morale et de la religion, *cf.* Pierangelo CATALANO, *Diritto e Personne, Studi su origine e attualità del sistema romano,* Torino, G. GIAPAICHELLI EDITORE, 1990, p. VIII-IX et p. XIII. Sur les origines religieuses du droit romain: Pierre GRIMAL, *op. cit.,* p. 99 et p. 108.

[176] H. MICHAS, *Le droit réel considéré comme une obligation passivement universelle,* thèse, Paris 1900, p. 61- voir aussi VILLEY *Le Droit Romain,* Que sais-je ? PUF, 7e éd. p. 44 à propos du plan des Institutes.

[177] Sur le vocabulaire juridique du droit romain et ses liens avec les formules magiques: *cf.*: Paul HUVELIN, *Les tablettes magiques et le droit romain,* Macon, Protat Frères, 1901, p. 32 à propos de l'idée de lier quelqu'un par des formules ou des cérémonies magiques: Des textes magiques de provenance diverses confirment ce sens.*Obligare aliquem,* c'est lier quelqu'un par des formules ou des cérémonies magiques. Lorsque *obligare* n'est pas pris dans le sens matériel de lier, attacher, il est pris dans ce sens par les anciens auteurs. Plaute, semble-t-il, ne l'emploie pas autrement. "; ibid. p. 32 note 3: "D'ailleurs *ligare* et *legere* sont apparentés l'un à l'autre, si bien qu'entre *l'obligatio* et la *lex* un rapprochement philologique s'impose... ". Comparer avec Michel VILLEY, "Métamorphoses de l'obligation",*op. cit.,* p. 269: à propos de la racine du mot anglais: racine de *law:* "Le terme anglais *law* ai-je entendu dire par quelques collègues anglais, se rattache à la même racine que liegen: obliger; c'est ce qui oblige....". Sur les liens en dehors du monde juridique,

cf. Michel VILLEY, "Métamorphoses de l'obligation", *op. cit.*, p. 287-300, p. 297: pour lui il existe des obligations naturelles avant les obligations juridiques: "J'estime que l'obligation romaine, médiatement ou immédiatement, a son fondement dans la *nature*."

[178] Tout le monde peut consulter les registres des brevets auprès l'INPI (Institut national pour la Protection de la Propriété Industrielle), ce qui autorise le "vol" de l'invention; la même observation est faite à propos des droits d'auteurs par des économistes: Andrew B. WHINSTON, Dale O. STAHL, Soon-Yong CHOI, *The Economics of Electronic Commerce,* Indianapolis, Indiana, MacMillan Technical Publishing, 1997, p. 179: ces économistes ont une vision bien plus réaliste que les juristes lorsqu'ils écrivent ce qui suit à propos du droit d'auteur: "...that although stolen property is recovered, pirated copies are destroyed. It is important to recognize that, economically speaking, intellectual properties are not properties -as tangible commodities- despite the misleading term, and intellectual property laws do not protect the said property, but the interests of the owners derived from the use of that property...." (.. bien qu'une chose volée soit récupérée, les copies pirates sont détruites. Il est important de prendre conscience que, d'un point de vue économique, les propriétés intellectuelles ne sont pas des propriétés -au même titre que la propriété des biens tangibles- malgré l'utilisation de ce terme impropre qui prête à équivoque. Et les lois sur la propriété intellectuelle ne protègent pas ladite propriété, mais les intérêts des titulaires qui découlent de l'utilisation de cette propriété...)

[179] H. MICHAS, *Le droit réel considéré comme une obligation passivement universelle,* thèse, Paris 1900, p. 31, p. 41; VAN BEMMELEN, *les notions fondamentales du droit civil,* Amsterdam, 1892, p. 222.

[180] Pierre GRIMAL, *op. cit.,* p. 158, p. 191, p. 163.

[181] Samuel GINOSSAR, *Droit réel, propriété et créance - élaboration d'un système rationnel des droits patrimoniaux,* Paris, LGDJ, 1960, p. 45.

[182] Michel VILLEY, "Historique de la nature des choses", *Archives de Philosophie du Droit,* 1965, p. 276.

[183] Michel VILLEY, *ibid,* p. 276, p. 278.

[184] Michel VILLEY, "Le raisonnement juridique dans l'histoire", *Archives de Philosophie du Droit,* 1971, p. 47.

[185] Comme nous voulons le faire aujourd'hui lorsque nous parlons de propriété incorporelle.

[186] Michel VILLEY, "Historique de la nature des choses", *Archives de Philosophie du Droit*, 1965, tome X, p. 272. Il cite le texte romain: D. 50. 17.188.1: *"quae rerum natura prohibentur nulla lege confirmata sunt"* (aucune loi ne permet de réaliser les choses qui sont impossibles dans la nature).

[187] D. 49.8.3.1, sur la nullité de la sentence à quoi 'la nature des choses' rendrait impossible d'obéir".

[188] Pierre CATALA, "La transformation du patrimoine dans le droit civil moderne", *Revue Trimestrielle de Droit Civil*, 1966, p. 186

[189] Hassen ABERKANE, *Contribution à l'étude de la distinction des droits de créance et des droits réels, Essai d'une théorie générale de l'obligation propter rem en droit positif français*, Paris, thèse, 1957, p. 10.

[190] Que nous traduisons par pouvoir complet, intégral sur la chose; *cf.* VILLEY *Le droit romain*, Que sais-je ? PUF, p. 84.

[191] VILLEY *Le droit romain* Que sais-je ? n° 195, PUF, 7e éd, p. 12.

[192] POTHIER *op. cit.*, p. 186, n° 245.

[193] Stamatios TZITZIS, *Esthétique de la Violence*, PUF, 1ère édition, 1997, p. 100.

[194] En 1822, *cf. L'Egypte de Jean-François CHAMPOLLION*, ouvrage collectif, Paris, Mengès, 1998, p. 11.

[195] Sur la "période axiale, *cf.* note n° 10.

[196] Et selon Michel VILLEY, ils ne s'intéressent pas assez ne serait-ce qu'à la philosophie grecque qui permettrait de mieux comprendre le droit romain classique. Michel VILLEY, *Suum jus cuique tribuens*, Milano, Giuffré, 1954.

[197] Eugène REVILLOUT, *Les origines égyptiennes du droit civil romain*, Librairie Paul Geuthner, Paris, 1912.

[198] Un auteur a tenté un rapprochement entre les papyri égyptiens et les tablettes magiques grecques et romaines pour essayer de mieux comprendre le droit romain archaïque. *Cf.* Paul HUVELIN, *Les tablettes magiques et le droit romain*, Macon, Protat Frères, 1901.

[199] Très probablement reçues des Egyptiens, mais aussi très vraisemblablement perfectionnées par les Romains; tout comme les

Grecs ont sans doute puisé en Egypte certaines idées philosophiques mais les ont perfectionnées et érigées en système logique.

[200] Sur le caractère concret de l'ancien droit romain, *cf.* Pierangelo CATALANO, *Diritto e Personne, Studi su origine e attualità dei sistema romano*, Torino, G. GIAPICHELLI EDITORE, 1990, p. XIII.

[201] Sur le Droit Romain comme art du partage: Michel VILLEY, *Le Droit Romain, op. cit.,* p. 116; Emmanuel KANT, *Métaphysique des moeurs, Première partie, Doctrine du Droit,* Paris, Vrin, 1993, Préface de Michel VILLEY, p. 20; Michel VILLEY, *Suum jus cuique tribuens,* Milano, Giuffré, 1954, p. 365.

[202] En raison de la géographie très particulière de l'Egypte, ce peuple a été très dépendant de la nature et particulièrement des crues du Nil, d'où très certainement l'attention qu'il a toujours portée à la nature.

[203] Emile AMÉLINEAU, *La morale égyptienne quinze siècles avant notre ère, Etude sur le papyrus de Boulaq n° 4*, Paris, Editions Ernest Leroux, 1892, p. LV.

[204] Beatrice L. GOFF, *Symbols of ancient Egypt in the Late Period, the Twenty-first Dynasty,* Yale University, Mouton publishers, 1979, p. 19.

[205] H. LÉVY-BRUHL, *Nouvelles Etudes sur le Très Ancien Droit romain*, Paris, Recueil SIREY, 1947, p. 6, sur l'importance de la parole en droit romain: "les Romains attachent une importance capitale à la parole. Le droit sera conforme aux mots prononcés... " Paul HUVELIN, *Les tablettes magiques et le droit romain*, Macon, Protat Frères, 1901, passim et notamment p. 42 sur les paroles obligatoires prononcées par le prêtre dans le cas de la *sponsio;* note 1, p. 10: "Il me paraît bien que les efforts tentés en sens divers pour séparer le rite religieux du rite magique dans les civilisations primitives sont restés vains."; p. 11: "les rites religieux ou magiques fournissent au droit sa force obligatoire première"; p. 11: "Parmi eux (les rites) on voit figurer des formules rythmées orales (*concepta verba, nuncupationes, carmina*), qui doivent produire mécaniquement, par la vertu intrinsèque qu'elles tiennent de leur rythme, de leur forme obscure, et des termes fatidiques qui s'y rencontrent, un résultat donné: tels sont les sorts et les charmes; les *indigitamenta,* qui mettent en jeu la puissance des divinités populaires, les prédictions, les textes liturgiques et les textes de lois."

[206] H. LÉVY-BRUHL, *Nouvelles Etudes sur le Très Ancien Droit romain*, Paris, Recueil SIREY, 1947, p. 6: "Le seul fait que la

volonté individuelle de l'intéressé, pour être prise en considération, doit s'exprimer dans des formules, implique une intervention, un contrôle de la collectivité. La formule, de ce point de vue, ne se différencie pas du rite: c'est un rite oral." Sur les formules magiques orales et sur l'idée que la loi elle-même est à l'origine une formule magique *cf.* Paul HUVELIN, *Les tablettes magiques et le droit romain*, Macon, Protat Frères, 1901, p. 11.

[207] *Cf.* sur ce point Pierre GRIMAL, *op. cit.*, p. 104 à propos des formules de la lois des XII tables: "Ce sont les paroles sacramentelles qu'il faut prononcer, à l'exclusion de tout autre énoncé. Le magistrat, reconnaissant la formule rituelle, déclare l'action ouverte et définit le point à juger." et aussi p. 105.

[208] Sur ce point: *cf.* Pierre GRIMAL, *op. cit.*, p. 106: "Pendant les premiers siècles, ces formules, fixées une fois pour toutes, étaient tenues secrètes et leur liste conservée par les pontifes. Ce n'est qu'en 304 qu'un secrétaire d'Appius Claudius en publia un recueil - sans doute à l'instigation de son maître."

[209] Michel VILLEY,*Le Droit Romain*, Presses Universitaires de France, 7e édition, 4e trimestre 1979, p. 80.

[210] Mais en s'éloignant de plus en plus de l'esprit qui l'a vu naître. Sur la déformation des principes et du vocabulaire du droit romain *cf.* Michel VILLEY "Métamorphoses de l'obligation", *Archives de Philosophie du Droit*, Communication au congrès de l'Institut International de Philosophie Politique sur "l'obligation politique", 4 juillet 1969, p. 287-300, p. 288; Michel VILLEY, "La notion romaine classique de *Jus* et le *Dikaion* d'Aristote", La filosofia greca e il diritto romano, Roma, Accademia Nazionale dei Lincei, 1976, p. 71-79, p. 76: "Et nous nous donnons une vision toute déformée du droit romain quand nous le regardons à travers des catégories étrangères -les catégories kantiennes qui furent celles des pandectistes, ou même les catégories de la morale stoïcienne qui à partir du XVIème siècle ont dominé la philosophie des juristes. Car tout juriste, tout romaniste, dépend d'une philosophie même et surtout lorsqu'il nie la philosophie, c'est à dire, servilement, se conforme aux idées de son groupe."

[211] *Cf..* Sur l'idée qu'il n'y aurait pas de vide juridique pour l'Internet: *Droit de l'Internet*, Valérie SéDALLIAN, Paris, Net Press, collection AUI, 1997, sur la jaquette de ce livre, Alain WEBER estime que "Le livre magistral de Maître SéDALLIAN est le démenti le plus vif à la rumeur selon laquelle l'Internet aurait ouvert une

brèche de non-droit qu'il conviendrait de combler." Dans l'avant-propos écrit par Meryem MARZOUKI, on peut lire: "L'AUI a beaucoup oeuvré depuis le début de l'année 1996 afin de démystifier Internet et de lutter contre le catastrophisme des tenants du "vide juridique" et autre billevesées. " (AUI: Association des Utilisateurs d'Internet. http:// www.aui.fr); Olivier ITEANU *Internet et le droit, Aspect juridiques du commerce électronique*, Paris, Eyrolles, 1996, p. 8; Pierre BRESSE, Gautier KAUFMAN,*Guide juridique de l'Internet et du commerce électronique*, Paris, Vuibert, 2000, p. 15; *Internet, Aspects juridiques*, sous la direction de Alain BENSOUSSAN, Paris, Hermès, 1996, p. 11; Jean MARTIN, "Le cyberespace: un prétendu vide juridique", Le Monde, 3 mai 1996, p. 15. La liste des références pourrait s'allonger à l'infini car, finalement il est tout à fait logique que les juristes positivistes aient horreur du vide.comme l'observe Jean-Pierre CLAVIER, *op. cit.*, p. 18. De même Hans KELSEN n'admettait pas l'existence de véritables lacunes juridiques, *op. cit.*, p. 147: "La théorie de la lacune a donc un caractère idéologique très marqué. Dans les cas où le juge, pour des raisons de politique juridique, estime inopportun d'appliquer la loi, cette théorie prétend qu'il est logiquement impossible de l'appliquer."

[212] En ce qui concerne le droit d'auteur international très touché par le phénomène de l'Internet et les difficultés d'appliquer un droit mondial bâti sur la notion de territoire *cf. The Future of Copyright in a Digital Environment*, editor P. Bernt HUGENHOLTZ, Proceedings of the Royal Academy Colloquium, Amsterdam, 6-7 July 1995, The hague, London, Boston, KLUWER LAW INTERNATIONAL, 1996.

[213] *Droit de l'Internet*, Valérie SéDALLIAN, Paris, Net Press, collection AUI, 1997,; Olivier ITEANU *Internet et le droit, Aspect juridiques du commerce électronique*, Paris, Eyrolles, 1996 Pierre BRESSE, Gautier KAUFMAN, *Guide juridique de l'internet et du commerce électronique*, Paris,Vuibert, 2000; *Internet, Aspects juridiques*, sous la direction de Alain BENSOUSSAN, Paris, Hermès, 1996; *Internet saisi par le Droit*, Travaux de l'A.F.D.I.T., sous la direction de Xavier LINANT de BELLEFONDS, Paris, éditions des Parques, 1997; Thierry PIETTE-COUDOL, *Internet et la loi*, Paris, Dalloz, 1997; Clive GRINGAS, *The Laws of the Internet*, London, Butterworths, 1997; Pierre TRUDEL, France ABRAN, Karin BENYEKHIEF, Sophie HEIN, *Droit du Cyberespace*, Montréal, Thémis, 1998.

[214] Sur la volonté "d'estampiller et de labelliser les sites Internet", *cf.* Francis LORENTZ, *La nouvelle donne du commerce électronique:*

réalisations 1998 et perspectives: rapport de la mission Commerce électronique, France, Ministère de l'économie, des finances et de l'industrie, Paris, Editions de Bercy, Etudes ISSN 1245-2246, 1999, II.2.4. Mais comme l'affirme, en 1999, le rapport Cordier, du Sénat, *op. cit.,*: "La loi française est la plus exigeante, mais seuls 5 % des sites sont français." Sénat, Rapport Cordier, Rapport de la Commission de réflexion sur le livre numérique, mai 1999, http://www.culture.gouv.fr/culture/actualites/rapports/cordier/edition.htm#op

[215] Sur l'utilisation en ce sens de la technique informatique *cf.* Lawrence LESSIG, *Code and Other Laws of Cyberspace*, NY, Basic Books, 1999; Mark STEFIK, *The Internet Edge, Social, Legal and Technological Challenges for a Networked World*, Cambridge, Mass., MIT press, 1999. Nous approfondirons cette question dans le chapitre final consacré au droit d'auteur dans le monde de l'Internet.

[216] Michel VILLEY dans la préface à l'ouvrage d'Emmanuel KANT, *Métaphysique des moeurs, Première partie, Doctrine du Droit*, Paris, Vrin, 1993, p. 23 écrit: "...l'objet véritable de l'art juridique, la *'justice distributive'*: (est) non pas d'apporter une sanction à certaines règles de conduite -ce qui ferait du droit le gendarme de la morale - ni le service des libertés de l'individu, condition de sa moralité; mais plus humblement le partage entre les intérêts des plaideurs. *Suum cuique tribuere* ". Javier HERVADA, *Introduction critique au droit naturel*, Bordeaux, EDITIONS BIERE, 1991, p. 43, 51, 86; *cf.* Aristote, *Ethique à Nicomaque*, traduction J. TRICOT, Paris, VRIN, 1983, 5ème édition, p. 224 et 245-246.

[217] Paul MATHIAS, *La cité Internet*, Paris, Presses de Sciences PO, La bibliothèque du citoyen, 1997, p. 72-73 critique "l'hystérie réglementaire" de certains gouvernements vis-à-vis de l'Internet.
Cf. contre la censure sur l'Internet:
- Citizens Internet Empowerment Coalition http://www.ciec.org/,
- Peacefire: http://www.peacefire.org/,
- XEMU Censorship Web-page:
http://www.xemu.demon.co.uk/censor/index.html.

[218] C'est aussi l'opinion de Michel VILLEY, "La notion romaine classique de *Jus* et le *Dikaion* d'Aristote", *La filosofia greca e il diritto romano*, Roma, Accademia Nazionale dei Lincei, 1976, p. 71-79, p. 73: "Or cette description proprement aristotélicienne de la justice au sens strict du mot est le commencement d'une théorie spécifique du droit au sens strict, la condition de son existence."

[219] *Cf.* Aristote, *Ethique à Nicomaque*, traduction J. TRICOT, Paris, VRIN, 1983, 5ème édition, p. 224 et 245-246; Michel VILLEY, "La notion romaine classique de *Jus* et le *Dikaion* d'Aristote", *La filosofia greca e il diritto romano*, Roma, Accademia Nazionale dei Lincei, 1976, p. 71-79, p. 73 "Vous savez ici qu'Aristote a mis à profit certains thèmes de l'école pythagoricienne, et qu'avait cultivés Platon; distingué entre l'égalité dite géométrique de la "justice distributive" et l'égalité dite arithmétique de la justice corrective. De toutes manières la finalité recherchée est le juste partage de ces biens externes: que tous les citoyens aient leur bien: *ta autôn ekein*, écrit Aristote."

[220] Il écrit: "Pour nous, l'objet premier de la justice, c'est la structure de base de la société ou, plus exactement, la façon dont les institutions sociales les plus importantes répartissent les droits et les devoirs fondamentaux et déterminent la répartition des avantages tirés de la coopération sociale. Par institutions les plus importantes, j'entends la constitution politique et les principales structures socio-économiques." John RAWLS, *Théorie de la justice*, Paris, Seuil, Point Essais, traduit de l'anglais par Catherine AUDARD, p. 33.

[221] Michel VILLEY dans sa préface à l'ouvrage d'Emmanuel KANT, *Métaphysique des moeurs, Première partie, Doctrine du Droit*, Paris, Vrin, 1993, p. 25, écrit: "Le déferlement sur les juristes de la philosophie kantienne s'est perpétué jusqu'à nos jours dans un bon nombre de 'Théories générales du droit et de l'Etat': les juristes ne se souciant pas de fournir un travail personnel en matière philosophique, il arrive que ces ouvrages renvoient surtout aux philosophes leur propre enseignement."

[222] *Cf. Which Court Decides ? Which Law Applies ? Quel tribunal décide ? Quel droit s'applique ?*, Edited by/sous la direction de Katharina BOELE-WOELKI and Catherine KESSEDJIAN, The hague, London, Boston, Kluwer Law International, 1998, Proceedings of the international colloquium in honour of Michel PELICHET organized by the Molengraaff Institute of Private Law, University of Utrecht and the Hague Conference on Private International Law.

[223] Nous pouvons citer à ce titre quelques exemples de l'effet désastreux de la philosophie positiviste sur les capacités créatrices des juristes modernes dans le domaine du droit de l'Internet. Dans un article qui se veut philosophique et inventif un auteur exhorte à être "audacieux" dans le domaine du droit d'auteur, en ces termes: "Enfin,

ne pouvons-nous pas au contraire donner l'exemple de l'audace et de l'inventivité juridiques ? Par exemple, sur le terrain vénérable du contrat d'édition et de la publication de l'oeuvre: en admettant qu'elle puisse désormais s'opérer directement sur le réseau, en concurrence avec le support papier, voire de façon exclusive. Les périodiques de pointe, en France et à l'étranger, ont commencé d'y procéder. "Philosophie du droit d'auteur 'on line'", Pierre-Yves GAUTIER, p. 133-145, in *Internet saisi par le Droit*, Paris,Travaux de l'A.F.D.I.T., sous la direction de Xavier LINANT de BELLEFONDS, Paris, éditions des Parques, 1997. Dans l'exemple suivant: l'auteur, olivier ITEANU, se contente de trier, adapter etc... le droit positif applicable à l'Internet: "L'autre lieu commun très souvent entendu et auquel nous nous sommes heurtés est constitué du syndrome du vide juridique au sens où on l'entend traditionnellement, celui du trou béant et angoissant. Un tel vide est purement imaginaire à moins qu'il ne serve les intérêts de groupes particuliers (à qui profite le vide juridique ?). Tout au contraire, il nous a semblé que les juristes et professionnels doivent faire face à un trop plein de réglementations et de formalismes les plus divers. Il va falloir trier, évaluer et adapter en totalité ou en partie.", Olivier ITEANU *Internet et le droit, Aspect juridiques du commerce électronique*, Paris, Eyrolles, 1996, p. 8.

[224] Par exemple, le Conseil d'Etat français, chargé par le Premier ministre "d'analyser les questions juridiques liées au développement d'Internet et de mettre en lumière les adaptations nécessaires de notre droit" n'a pu que se cantonner à l'étude de la législation existante. D'où il a déduit qu'il n'y a pas de vide juridique. Et sa conclusion est la suivante: "A l'issue de cette analyse, il apparaît que les questions juridiques suscitées par le développement d'Internet et des réseaux numériques ne sont pas de nature à remettre en cause les fondements mêmes de notre droit." Conseil d'Etat, France, *op. cit., 2 juillet 1998*, Paris, La Documentation française, 1998, synthèse.

[225] Alors qu'à Babylone, existait déjà le Code Hammurabi, reçu du Dieu Soleil Shamash. *Cf.* Joseph SARRAF, *op. cit.*, p. 31. En ce qui concerne l'ancienne Rome, là-aussi le droit est d'abord issu de la pratique, ce n'est que plus tard dans l'histoire romaine qu'il sera écrit puis codifié. *Cf.* sur ce point: Pierre GRIMAL, *op. cit.*, p. 107 et p. 155.

[226] *Cf.* Claire LALOUETTE, *Textes sacrés et Textes profanes de l'Ancienne Egypte, tome II: Mythes, contes et poésies*, Paris, Gallimard/Unesco, 1987, p. 84: à propos du "1er traité de droit

international ", daté de l'an 1278 av JC: Le traité Egypto-hittite de RAMSÈS II et HATTUSILI III.

²²⁷ Joseph SARRAF, *op. cit.*, introduction.

²²⁸ Il ressort des connaissances actuelles en égyptologie que la "pesée des âmes" est devenue individuelle vers l'an 2000 avant Jésus-Christ et qu'auparavant elle ne semblait concerner que le Roi, qui déclaré juste, entraînait avec lui tout son peuple dans l'au-delà, et pouvait ainsi continuer à régner.

²²⁹ Pour tout voyageur moderne qui arrive en Egypte par Avion, il est très facile de comprendre pourquoi HERODOTE avait jugé que l'Egypte était un don du Nil. En effet, la vue qui s'offre à lui est celle d'une ligne verte de chaque côté du Nil et autour de cette végétation qui borde le cours d'eau: rien que le désert. HERODOTE, *L'Enquête*, Livres I à IV, édition d'Andrée BARQUET, Paris, Gallimard, Folio classique, 1964, p. 160: "Il est évident pour tout homme, même non prévenu, qui voit ce pays, -j'entends tout homme intelligent-, que la partie de l'Egypte où abordent les vaisseaux des Grecs est une terre d'alluvions, un don du fleuve, de même que la région qui s'étend à trois jours de navigation en amont du lac, région dont mes informateurs ne m'ont rien dit de tel, mais qui a la même origine elle aussi."

²³⁰ Selon les ouvrages, Maât n'est pas orthographiée de façon stable. Nous trouvons: Mâat, Maat, Mâït etc...

²³¹ Par exemple: Joseph SARRAF, *La notion du droit d'après les Anciens Egyptiens*, Città del Vaticano, Libreria editrice vaticana, 1984, Collana storia e attualità, n° 10, p. 35; Jan ASSMANN, *Maât, l'Egypte pharaonique et l'idée de justice sociale*, Conférences essais et leçons du Collège de France, Paris, Julliard, 1989, p. 104; Alexandre MORET, *Le Nil et la civilisation égyptienne*, Paris, La Renaissance du livre, 1926, p. 440.

²³² *Cf.* par exemple: Jean YOYOTTE, "La pensée préphilosophique en Egypte", extr. Encyclopédie de la Pléiade, histoire de la philosophie, I, Paris 19.., p. 11.

²³³ *Ibid.*

²³⁴ Jean-Claude GOYON, *Maât et Pharaon ou de destin de l'Egypte antique*, Lyon, Editions ACV, 1998, p. 88.

²³⁵ Alexandre MORET, "La doctrine de Maât", Revue d'égyptologie, tome 4, Le Caire, 1940, Institut français du Caire.

[236] Emily TEETER, *The presentation of Maat, Ritual ana Legitimacy in Ancient Egypt, Chicago*, The University of Chicago, 1997.

[237] Emily TEETER, *The Presentation of Maat, Ritual ana Legitimacy in Ancient Egypt, op. cit.,* p. 14-15.

[238] Dessin extrait de l'article d'Alexandre MORET, "Le rituel du culte divin journalier en Egypte", *op. cit.,* p. 45.

[239] De la même source Voici trois autres représentations symboliques de la Maât:

la plume blanche.　la coudée　la déesse.

[240] Jean-Claude GOYON, *Maât et Pharaon ou de destin de l'Egypte antique*, Lyon, Editions ACV, 1998, p. 88.

[241] Myriam LICHTHEIM, *Maat in Egyptian Autobiographies ana Related Studies*, Fribourg, Universitätsverlag Freiburg Schweiz, Vandenthoeck and Ruprecht Göttingen, 1992.

[242] Mais quasiment pas les juristes.

[243] Henri FRANKFORT, *Ancient Egyptian Religion, an Interpretation*, New York, Columbia University Press, 1948, passim.

[244] Jan ASSMANN, *op. cit.,* p. 18; Henri FRANKFORT, *Ancient Egyptian Religion, op. cit.,* p. 67, p. 117-118.

[245] Jan ASSMANN, *op. cit.,* p. 144, note 11: "Il me semble signifiant que les premiers à identifier Maât à l'ordre cosmique ont été C.J. Bleeker, qui est un historien des religions, et Alexandre MORET, qui, parmi les égyptologues de son temps, était le plus fortement influencé par les théories de J. Frazer."; Philippe DERCHAIN, *Le papyrus Salt 825 (BM 10051) rituel pour la conservation de la vie en Egypte*, Bruxelles, Académie royale de Belgique, Mémoire n° 1784, Classe des lettres, tome LVIII, fasc. I a, 1965, p. 13.

[246] Claas Jouco BLEEKER, *De Beteekenis van de Egyptische Godin Ma-a-t*, Leiden, 1929.

[247] Claas Jouco BLEEKER, *Egyptians Festivals, Enactments oj Religious Renewall*, 1967, E.J. Brill, Leiden, Netherlands.

[248] Claas Jouco BLEEKER, *Egyptians Festivals, op. cit.*, p 1.

[249] Claas Jouco BLEEKER, *Egyptians Festivals, op. cit.*, p. 4.

[250] Claas Jouco BLEEKER, *Egyptians Festivals, op. cit.*, p. 16.

[251] Claas Jouco BLEEKER, *Egyptians Festivals, op. cit.*, p. 12-13.

[252] Claas Jouco BLEEKER, *Egyptians Festivals, op. cit.*, p. 7-8.

[253] Les rituels étaient des actes précis de la vie réelle, des actes concrets par lesquels les Egyptiens mettaient en oeuvre leurs croyances "religieuses".

[254] Claas Jouco BLEEKER, *Egyptians Festivals, op. cit.*, p. 6-7.

[255] Claas Jouco BLEEKER, *Egyptians Festivals, op. cit.*, p. 7. Traduit de l'anglais: "Ma-a-t is both a concept and a goddess. As a concept Ma-a-t represents truth, justice and order in corporate life, three ethical values which upon closer inspection prove to be based on the cosmic order."

[256] Claas Jouco BLEEKER, De Beteekenis van de Egyptische Godin Ma-a-t, Leiden, 1929.

[257] Irene SHIRUN-GRUMACH, "Remarks on the Goddess MAAT", *Pharaonic Egypt, the Bible and Chritianity*, Jerusalem, ed. S. Israelit-Groll, the Magnes Press, The Hebrew University, 1985, 173-201, *cf.* p. 173, notamment.

[258] Claas Jouco BLEEKER, *Egyptians Festivals, enactments oj religious renewall, op. cit.*, p. 5, pourtant il cite MORENZ qui aurait souligné que la langue égyptienne ne contient pas de mots pour des concepts tels que la religion, la piété et la croyance (MORENZ, *Ägyptische Religion*, 1960): "He is the first to have pointed out that the Egyptian language has no words for concepts such as religion, piety and belief, which are an integral part of our language...But the picture he presents of ancient Egyptian religion as such, is too much centred on individual piety and gives a biased and distorted view of important facets of the object of study, viz. the cult." (Il est le premier à avoir noté que la langue égyptienne n'a pas de mots pour des concepts tels que religion, piété, et foi, qui appartiennent intégralement à notre langage... Mais sa description de l'ancienne religion égyptienne en tant que telle, est trop centrée sur la piété individuelle et donne une image faussée et non objective d'importants aspects de l'objet de l'étude à savoir, le culte.)

[259] Philippe DERCHAIN, *Le papyrus Salt 825 (BM 10051) rituel pour la conservation de la vie en Egypte*, Bruxelles, Académie royale de Belgique, Mémoire n° 1784, Classe des lettres, tome LVIII, fasc. 1 a, 1965, p. 13.

[260] Erik HORNUNG, *L'esprit du temps des pharaons*, Paris, Hachette, collection Pluriel, 1996, p. 137.

[261] Claas Jouco BLEEKER, *Egyptians Festivals, op. cit.*, p. 6.

[262] Claas Jouco BLEEKER, *Egyptians Festivals, op. cit.*, p. 6.

[263] C'est à dire créatrice de mythes, H. FRANKFORT, A. FRANKFORT, WILSON, JACOBSEN AND IRWIN, *The Intellectual Adventure of Ancient Man*, Chicago, University of Chicago Press. 1946, p. 10.

[264] Henri FRANKFORT, *Ancient Egyptian Religion, an Interpretation*, New York, Columbia University Press, 1948.

[265] Henri FRANKFORT, *Ancient Egyptian Religion, an Interpretation*, New York, Columbia University Press, 1948, p. 63.

[266] Henri FRANKFORT, *Ancient Egyptian Religion, an interpretation*, New York, Columbia University Press, 1948 p. 93, 108, 109, 114.

[267] Henri FRANKFORT, *Ancient Egyptian Religion, an interpretation, op. cit.*, p. 19.

[268] Henri FRANKFORT, *op. cit.*, p. 90 et p. 91.

[269] Henri FRANKFORT, *op. cit., p.* 55.

[270] Henri FRANKFORT, *op. cit.*, p. 51: "The social order was part of the cosmic order", (L'ordre social faisait partie de l'ordre cosmique.) voir aussi sur ce thème: Henri FRANKFORT, *Kingship and the Gods*, Chicago, 1948.

[271] Henri FRANKFORT, *Ancient Egyptian Religion, an Interpretation, op. cit.*, p. 55. Traduit de l'anglais: "But we lack words for conceptions which, like Maat, have ethical as well as metaphysical implications. We must sometimes translate "order", sometimes "truth", sometime "justice"; and the opposite of Maat requires a similar variety of renderings. In this manner we emphasize unwittingly the impossibility of translating Egyptian thoughts into modern language, for the distinctions which we cannot avoid making did not exist for the Egyptians."

[272] *Ibid.*, p. 117.

[273] *Ibid.*, p. 73.

[274] *Ibid.*, p. 67.

[275] *Ibid.*, p. 73.

[276] *Ibid.*, p. 117.

[277] *Ibid.*, p. 117-118.

[278] *Ibid.*, p. 118-119.

[279] *Ibid.*, p. 121.

[280] *Ibid.*, p. 72, sur le côté pratique par exemple des résultats de la générosité.

[281] Jan ASSMANN, *Maât, l'Egypte pharaonique et l'idée de justice sociale*, Conférences essais et leçons du Collège de France, Paris, Julliard, 1989.

[282] Jan ASSMANN, *op. cit.*, p. 12.

[283] Jan ASSMANN, *op. cit.*, p. 13.

[284] Jan ASSMANN, *op. cit.*, p. 17.

[285] Jan ASSMANN, *op. cit.*, p. 18.

[286] Jan ASSMANN, *op. cit.*, p. 18.

[287] Jan ASSMANN, *op. cit., cf.* son résumé p. 54-55.

[288] Jan ASSMANN, *op. cit.*, p 36.

[289] *Cf.* "la prophétie de Neferty", traduction par Claire LALOUETTE, *Textes sacrés et Textes profanes de l'Ancienne Egypte*, tome I, *Des Pharaons et des Hommes*, Paris, Gallimard/Unesco, 1984, p. 71: "Le disque solaire, voilé, ne brillera plus pour que le peuple puisse voir; on ne pourra pas vivre si les nuages (le) recouvrent; et, privés de lui, tous les hommes seront sourds."

[290] Alfred TOMATIS, *Vers l'écoute humaine*, Paris, E.S.F., 1979, tome I, p. 34.

[291] Jan ASSMANN, *Maât, op. cit.*, p. 107.

[292] Jan ASSMANN, *Maât, op. cit.*, p. 37.

[293] Jan ASSMANN, *op. cit.*, p. 133.

[294] S. BICKEL, *La cosmogonie égyptienne avant le Nouvel Empire*, Fribourg, 1999, p. 171.

[295] Bernadette MENU, "Le tombeau de Pétosiris (2) Maât, Thot et le droit", Paris, *BIFAO* (Bulletin de l'Institut Français d'Archéologie Orientale), tome 95 (1995), p. 281-295.

[296] *Ibid.,* p. 282: "La norme est l'affaire de Maât; son application celle de Thot."

[297] Selon Pierre GRIMAL dans la préface de la traduction de Claire LALOUETTE, *Textes sacrés et Textes profanes de l'Ancienne Egypte,* tome I, *Des Pharaons et des Hommes,* Paris, Gallimard/Unesco, 1984, p. 8 et p. 16.

[298] Sur la "période axiale, *cf.* note n° 10.

[299] Jean YOYOTTE, "La pensée préphilosophique en Egypte", *op. cit,* p.1.

[300] Jean YOYOTTE,"La pensée préphilosophique en Egypte", *op. cit.,* p. 1. C'est aussi l'opinion généralement partagée par tous les auteurs qu'ils soient égyptologues ou historiens des religions: *cf.* par exemple: H. FRANKFORT, A. FRANKFORT, WILSON, JACOBSEN AND IRWIN, *The Intellectual Adventure of Ancient Man,* 1946, University of Chicago Press p. 3; Claas Jouco BLEEKER, *Egyptians Festivals, Enactments of Religious Renewall,* 1967, op. *cit.,* p. 14; Beatrice L. GOFF, *Symbols of Ancient Egypt in the Late Period, the Twenty-first Dynasty,* Yale University, Mouton publishers, 1979, p. 19.

[301] Jean YOYOTTE, "La pensée préphilosophique en Egypte", *op. cit.,* p. 2.

[302] Erik HORNUNG, *L'esprit du temps des Pharaons,* Paris, Hachette,1996, p. 25.

[303] Erik HORNUNG, *op. cit.,* p. 16-17.

[304] Beatrice L. GOFF, *Symbols of ancient Egypt in the late period, the twenty-first dynasty, op. cit.,* p. 158.

[305] Alexandre MORET, *Le Nil et la civilisation égyptienne,* Paris, La Renaissance du livre, 1926, p. 422: "La fabrication des images est une création, qui relève autant de la magie que de l'art. Le sculpteur est appelé 'celui qui fait vivre' (sâkh), car il appelle à la vie une forme -ou 'celui qui enfante' (mes)".

[306] Alexandre MORET, *Le Nil et la civilisation égyptienne,* Paris, La Renaissance du livre, 1926, p. 91; Siegfried MORENZ, Egyptian Religion, London, Methuen and Co litd, 1976, p. 153-154; Erik HORNUNG, *L'esprit du temps des Pharaons,* Hachette, 1996, p. 25.

[307] Erik IVERSEN, *The Myth of Egypt and its Hieroglyphs in European Tradition*, Copenhagen, GEC Gad, 1961, p. II.

[308] Erik IVERSEN, *op. cit.*, p. 11.

[309] Beatrice L. GOFF, *Symbols of Ancient Egypt, op. cit.*, p. 158.

[310] Dans le langage informatique ce serait un fichier compressé qu'il faudrait savoir décompresser ou étendre.

[311] Le silence est une vertu du monde Egyptien, *cf.* Jan ASSMANN, *Maât, l'Egypte pharaonique et l'idée de justice sociale*, Conférences essais et leçons du Collège de France, Paris, Julliard, 1989, p. 44: "La sagesse en égyptien est le silence".; *cf.* Henri FRANKFORT, *Ancient Egyptian Religion, op. cit.*, p. 66.

[312] Siegfried MORENZ, *Egyptian Religion*, London, Methuen and Co ltd, 1976, p. 175; Philippe DERCHAIN, *Rituel pour la conservation de la vie en Egypte*, Bruxelles, Académie royale de Belgique, Mémoire n° 1784, Classe des lettres, tome LVIII, fasc. I a, 1965. p. 4, note 3; Alexandre PIANKOFF, *la création du disque solaire, IFAO*, bibli. 2 tomes 19, p. 7.

[313] Jan ASSMANN, *Maât, l'Egypte pharaonique et l'idée de justice sociale, op. cit.*, p. 17.

[314] Siegfried MORENZ, *Egyptian Religion*, London, Methuen and Co litd, 1976, p. 175 sur l'interpénétration science/religion; p. 175 sur l'esprit scientifique des Egyptiens exposé dans un langage mythique.

[315] Philippe DERCHAIN, *Le papyrus Salt 825 (BM 10051) rituel pour la conservation de la vie en Egypte*, Bruxelles, Académie royale de Belgique, Mémoire n° 1784, Classe des lettres, tome LVIII, fasc. I a, 1965

[316] Philippe DERCHAIN, *Le papyrus Salt 825 (BM 10051)*; *op. cit.*, p. 4, note 3: Alexandre PIANKOFF, *La création du disque solaire, IFAO*, bibli. 2, tome 19, p. 1.

[317] Philippe DERCHAIN, *Le papyrus Salt 825 (BM 10051)*; *op. cit.*, p. 4, note 3: Alexandre PIANKOFF, *la création du disque solaire*, IFAO, bibli. 2, tome 19, p. 7.

[318] Philippe DERCHAIN, *Le papyrus Salt 825 (BM 10051)*; *op. cit.*, p. 4, *cf.* aussi p. 6.

[319] Après avoir expliqué comme ses collègues que les rituels égyptiens sont des procédés d'échange énergétique entre les dieux et les pharaons ou le roi, qui entretiennent la circulation de la vie.

[320] Philippe DERCHAIN, *Le papyrus Salt 825 (BM 10051)*; *op. cit.*, p. 4, *cf.* aussi p. 14 qu'il cite, note 37: pour une interprétation analogue du temple égyptien, *cf.* SAUNERON, POSERNER, YOYOTTE, dict. Civ. eg., 1961, 282-283.

[321] Jean-Claude GOYON, *Maât et Pharaon ou de destin de l'Egypte antique*, Lyon, Editions ACV, 1998, p. 89.

[322] Philippe DERCHAIN, *Le papyrus Salt 825 (BM 10051)*; *op. cit.*, p. 9.

[323] Paul HUVELIN, *Les tablettes magiques et le droit romain*, Macon, Protat Frères, 1901, p. 13. Sur la différence entre notre religiosité moderne et celle beaucoup plus pratique des anciens, *cf.* T. W. POTTER, *Roman Britain*, London, Bristish Museum Press, 1997, p. 74-75.

[324] Philippe DERCHAIN, *Le papyrus Salt 825; op. cit.*, p. 17.

[325] Jean-Claude GOYON, *Maât et Pharaon ou de destin de l'Egypte antique*, Lyon, Editions ACV, 1998, p. 92.

[326] Dont les vestiges datent tous de l'époque ptolémaïque selon Monsieur Philippe DERCHAIN.

[327] Philippe DERCHAIN, *Le papyrus Salt 825; op. cit.*, p. 19.

[328] Karl Gustav JUNG, *L'énergétique psychique*, Genève, Georg éditeur S.A., 1987.

[329] Il est intéressant de comparer ici avec l'acupunture chinoise, dont le but est de restaurer une bonne circulation énergétique dans le corps humain. L'acupuncture replace aussi l'être humain dans sa dimension cosmique. *Cf.* Docteur TRAN TIEN CHANH, *L'acupuncture et le Tao*, Meudon, Editions Partage, 1988, p. 94.

[330] Claire LALOUETTE, *Textes sacrés et Textes profanes de l'Ancienne Egypte*, tome I, *Des Pharaons et des Hommes*, op. cit., p. 270 "Le livre des morts est le grand rituel funéraire, commun à tous les Egyptiens, à partir du Nouvel Empire (vers 1580 av. J.C.). Ces *Formules pour monter dans le jour* (titre égyptien) rassemblent aussi incantations, formules, procédés pour survivre; elles sont le viatique indispensable de tout aspirant à l'au-delà."

[331] Guy RACHET, *Le livre des morts des anciens Egyptiens*, op. *cit.*, p. 44.

[332] Jean YOYOTTE, "Le jugement des morts selon l'Egypte ancienne", Paris, *Sources Orientales*, IV, 1961, p. 17.

[333] Jean YOYOTTE, "Le jugement des morts selon l'Egypte ancienne", op. *cit.*, p. 44 et ss.

[334] Jean YOYOTTE, "Le jugement des morts selon l'Egypte ancienne", op. *cit.*, p 45.

[335] Henri FRANKFORT, *Ancient Egyptian Religion,* op. *cit.*, pp 112, 116-11.

[336] Etienne DRIOTON, "Le jugement des âmes dans l'Egypte ancienne", Revue du Caire, 1949, p. 1-20, p. 19.

[337] Etienne. DRIOTON, "Le jugement des âmes dans l'Egypte ancienne", op. *cit.*, p. 19, p. 9.

[338] YOYOTTE Jean, "Le jugement des morts selon l'Egypte ancienne", op. *cit.*, p. 17-71, p 44-45.

[339] Jean YOYOTTE, "Le jugement des morts selon l'Egypte ancienne", op. *cit.*, p. 45.

[340] Sur l'écriture égyptienne *cf.* ERIK HORNUNG, op. *cit.*, p. 18. Comp. avec l'ancienne Rome où l'écriture était aussi sacrée: Paul HUVELIN, op. *cit.*, p. 11.

[341] *Cf.* Emile AMELINEAU, *La morale égyptienne quinze siècles avant notre ère, Etude sur le papyrus de Boulaq n° 4*, Paris, Editions Ernest Leroux, 1892, p. XVIII: qui doute de la valeur des connaissances que les Grecs ont recueillies en Egypte étant donné que (il cite Clément d'Alexandrie) "Les Egyptiens, dit-il, ne révélaient pas leurs mystères à toute sorte de personnes et ne portaient point la connaissance des choses divines aux profanes, mais à ceux seulement qui devaient parvenir au trône et à ceux d'entre les prêtres les plus distingués par l'éducation, la science et la naissance" (Cle. Alexadr. Stramates, v. 566)"; et plus loin p. XIX: à propos de tout ce qui était caché au profane il écrit: "A la vérité, Clément d'Alexandrie parle ici des mystères et des choses divines; mais il faut se rappeler que tout ce qui sortait de l'ordinaire était regardé comme divin, et surtout qu'au commencement de la civilisation, les prêtres avaient grand soin de garder soigneusement cachés leurs rites et leurs cérémonies, afin de mieux tenir le peuple en haleine. Par conséquent ce n'est pas chez les

auteurs grecs qu'il faut chercher des renseignements précis et certains sur ce que nous nommons aujourd'hui la morale."

342 C'était aussi le cas des sculpteurs, Alexandre MORET, *Le Nil et la civilisation égyptienne*, Paris, La Renaissance du livre, 1926, p. 422 et aussi 498 et ss. D'ailleurs même dans la société égyptienne il a fallu attendre la révolution du peuple pour que les mystères du culte d'Osiris soient dévoilés et que la plèbe puisse elle-aussi accéder aux rites de la momification. Les connaissances n'étaient réservées qu'à une très faible partie de la population, à certaines personnes et même pas à tous les prêtres.

343 Comme le soulignait avec beaucoup de lucidité et de réalisme Emile AMELINEAU, les textes tels que le Livre des Morts des Anciens Egyptiens, qu'il a rebaptisé avec humour "le livre des épouvantements" laissent apparaître de façon claire quels étaient les intérêts des prêtres de l'époque vis-à-vis de leur "clientèle".

344 Jan ASSMANN, *Maât, l'Egypte pharaonique et l'idée de justice sociale*, Conférences essais et leçons du Collège de France, Paris, Julliard, 1989, p. 28.

345 Jean YOYOTTE, "Le jugement des morts selon l'Egypte ancienne", *op. cit.*, 1961, p 12.

346 Erik HORNUNG, *L'esprit du temps des pharaons*, op. cit., p. 9.

347 Erik HORNUNG, *L'esprit du temps des pharaons*, op. cit., p. 15.

348 Erik HORNUNG, *L'esprit du temps des pharaons*, op. cit., p. 16.

349 Erik HORNUNG, *L'esprit du temps des pharaons*, op. cit., p. 18.

350 Erik HORNUNG, *L'esprit du temps des pharaons*, op. cit., p. 31.

351 Erik HORNUNG, *L'esprit du temps des pharaons*, op. cit., p. 135. Cependant, nous ne pouvons qu'approuver son analyse d'un des signes hiéroglyphiques utilisés pour écrire Maât et qui représente "un socle taillé en biseau sur lequel, par exemple, est posé le trône des divinités." dont il déduit que "Maât est ce qui constitue le fondement de l'équilibre du monde créé, la base sur laquelle repose toute vie cosmique et sociale" (l'un des signes qui représente Maât: ⬛).

352 Alexandre MORET, *Le Nil et la civilisation égyptienne*, Paris, La Renaissance du livre, 1926, p. 299.

[353] Alexandre MORET, "La doctrine de Maât", *Revue d'Egyptologie*, tome 4, Imprimerie de l'Institut français d'Archéologie Orientale, Le Caire, 1940, p. 1-14.

[354] Alexandre MORET, "Le jugement des morts, en Egypte et hors d'Egypte", Paris, Annales du Musée GUIMET, tome XXXII, p. 255-287, p. 257.

[355] Siegfried MORENZ, *Egyptian Religion*, London, Methuen and Co ltd, 1976.

[356] Traduit de l'anglais: "measure of judgement upon men".

[357] Siegfried MORENZ, *Egyptian Religion*, London, Methuen and Co ltd, 1976, p. 131.

[358] Siegfried MORENZ, *Egyptian Religion*, London, Methuen and Co ltd, 1976, p. 130.

[359] Siegfried MORENZ, *Egyptian Religion*, London, Methuen and Co ltd, 1976, p. 126-127, traduit de l'anglais: "Here the vignettes accompanying the text (the details of which vary) show that the dead man's heart, deemed to be the seat of the intellect and will as well as the life-giving centre of the physical body, is weighed against the symbol of Maat (usually depicted as a feather), which serves as an ethical standard. Anubis.... is master of the balance, and is in control of the pointer; the scribe Thoth records the verdict and announces it. If the verdict should be unfavourable, the sinner falls victim to 'the devourer'.... a hybrid monster...".

[360] Etienne DRIOTON, "Le jugement des âmes dans l'Egypte ancienne", Revue du Caire, 1949, p. 1-2.

[361] Comp. avec Henri FRANKFORT, *op. cit.*, qui écrit, p. 118: les 42 juges sont un obstacle supplémentaire rajouté par la suite: "The forty-two judges of the late funerary papyri belong to an entirely different order of thought. They are simply another obstacle to be passed. Like those other dangers and obstructions which we have discussed, they were created by fear, assisted, in this case, by an uneasy conscience." (Les 42 juges des papyri funéraires tardifs appartiennent à un mode de pensée totalement différent. Ils constituent simplement un obstacle supplémentaire à surmonter. Comme tous les autres dangers et obstacles dont nous avons discuté, ils sont le résultat de la peur, alliée dans cette circonstance à une conscience qui n'est pas tranquille.)

[362] Jean YOYOTTE, "Le jugement des morts selon l'Egypte ancienne", Paris, Sources Orientales, IV, 1961, p. 46.

[363] Jan ASSMANN, *Maât, l'Egypte pharaonique et l'idée de justice sociale*, Conférences essais et leçons du Collège de France, Paris, Julliard, 1989.

[364] Jan ASSMANN, *Maât, l'Egypte pharaonique et l'idée de justice sociale, op. cit.*, p. 72.

[365] Le Ba est généralement considéré comme l'âme du défunt qui est libre de circuler dans les airs et sur la terre. Elle était d'abord représentée par un oiseau noir puis plus tard elle a été représentée par un oiseau à tête humaine. Cette âme peut se mouvoir et agir à distance du corps qu'elle anime et dont elle possède les caractéristiques. *Cf.* sur ce sujet: Guy RACHET, *Le livre des morts des anciens Egyptiens, op. cit.*, p. 21; Alexandre MORET, *Le Nil et la civilisation égyptienne*, Paris, La Renaissance du livre, 1926, p. 418 et p. 422.

[366] Jan ASSMANN, *Maât, l'Egypte pharaonique et l'idée de justice sociale, op. cit.*, p. 72.

[367] Jan ASSMANN, *Maât, l'Egypte pharaonique et l'idée de justice sociale, op. cit.*, p. 73.

[368] Jan ASSMANN, *Maât, l'Egypte pharaonique et l'idée de justice sociale, op. cit.*, p. 73.

[369] Jan ASSMANN, *Maât, l'Egypte pharaonique et l'idée de justice sociale, op. cit.*, p. 80.

[370] Jan ASSMANN, *Maât, l'Egypte pharaonique et l'idée de justice sociale, op. cit.*, p. 81.

[371] Jan ASSMANN, *Maât, l'Egypte pharaonique et l'idée de justice sociale, op. cit.*, p. 82-83.

[372] Erik HORNUNG, *L'esprit du temps des pharaons*, op. cit., p. 58.

[373] Erik HORNUNG, *L'esprit du temps des pharaons*, op. cit., p. 57.

[374] Même si à la fin de la civilisation égyptienne, ces concepts ont pu voir le jour.

[375] "L'homme de l'Oasis", appelé aussi "les neuf palabres du paysan volé"", *op. cit.*, p. 203: "....que ta langue soit exacte..". "Non, ne dis pas de mensonges, car tu dois être une balance."

[376] "L'homme de l'Oasis", traduction de Claire LALOUETTE, *op. cit.*, p. 204: "Ne dis pas de mensonges, car tu es un homme important. Ne sois pas léger, car tu es un homme de poids. Non, ne dis pas de mensonges, car tu dois être une balance. Ne sois pas brouillon, car tu dois être la rectitude."

[377] Henri FRANKFORT, *Ancient Egyptian Religion, op. cit.*, p 117-121.

[378] *Ibid.*, p. 118.

[379] *Ibid.*, p 118-119.

[380] *Ibid,* p. 121. Traduit de l'anglais: "It is no wonder that those who approach Egyptian religion from such adaptations, and take their stand on texts written for the least thoughtful section of the population, reach the conclusion that the Egyptian beliefs concerning afterflife do not make sense. But they act like a man who would gauge our present knowledge of the stars by studying horoscopes in the newspapers. "

[381] Sur le rôle des couleurs en Egypte, *cf.* Erik HORNUNG, *op. cit.,* p. 15. Le blanc est aussi la couleur de la lumière solaire, *cf.* Claire LALOUETTE, *Textes sacrés et Textes profanes de l'Ancienne Egypte,* tome II: Mythes, contes et poésies, *op. cit.*, note p. 290.

[382] Anubis: dieu des nécropoles auquel on attribue l'invention de la momification, *cf.* Guy RACHET, *Le livre des morts des anciens Egyptiens, op. cit.*, p. 226.

[383] La croix Ankh est le symbole de la vie. représentation extraite de l'ouvrage d'Hilary WILSON, op. cit., p. 46.

[384] Cet animal est sensé dévorer l'âme du défunt jugé coupable et lui infliger ainsi une seconde mort.

[385] C'est le dieu des scribes et des connaissances magiques. Assimilé par les Grecs à Hermès. *Cf.* Guy RACHET, *Le livre des morts des anciens Egyptiens, op. cit.*, p. 243.

[386] Malgré la magie qui sera de plus en plus utilisée, comme l'atteste la littérature mortuaire, pour "forcer" le passage.

[387] Il s'agit du Dieu Horus, à tête de faucon.

[388] Tantôt c'est Rê ou Thot qui coiffe la balance; tantôt c'est une statuette de Maât, tenant la croix Ankh, au lieu d'une plume; tantôt le

vase représentant le coeur est remplacé par le dessin d'une tête humaine. Par ailleurs, les 42 "juges" ou "assesseurs" ou "dieux" par exemple auraient été ajoutés à une époque plus tardive et les égyptologues ne sont pas unanimes sur le rôle qu'ils étaient sensés jouer. *Cf.* Jean YOYOTTE, "Le jugement des morts selon l'Egypte ancienne", *op. cit.,* p. 59: "Au rebours de ce que l'on écrit par habitude, les 42 ne sont pas des 'juges', ni même des 'assesseurs'"...."Ce ministère public de cauchemar est d'origine obscure."; Henri FRANKFORT, *op. cit.,* p. 118.

[389] Qui semble avoir deux oreilles et une bouche à l'envers, Selon G. RACHET, Guy RACHET, *Le livre des morts des anciens Egyptiens*, Editions du Rocher, 1996, p. 27: "4 vases canopes recevaient les viscères: foie, poumons, intestins et estomac, tandis que le coeur restait dans la poitrine de la momie"; et p. 117: "le coeur était parfois remplacé par un scarabée portant la formule appropriée sur le coeur."

[390] Quelques auteurs ont attribué un objectif magique à cette représentation de l'équilibre, montrer l'équilibre serait un processus magique permettant aux anciens Egyptiens de réaliser l'équilibre voulu pour passer sans encombre dans l'au-delà. C'est le cas d'Erik HORNUNG, tandis que Jan ASSMANN y voit une initiation.

[391] Sur lequel les égyptologues et surtout les historiens des religions n'ont pu s'empêcher de projeter notre vision de l'éthique, de la morale et de la conscience.

[392] Sur le caractère concret du vocabulaire égyptien, *cf.* Pierre GRIMAL, préface à l'ouvrage de Claire LALOUETTE, *Textes sacrés et Textes profanes de l'Ancienne Egypte*, tome I, *Des Pharaons et des Hommes*, *op. cit.,* p. 15; *cf* aussi le texte "L'homme de l'Oasis", traduction de Claire LALOUETTE, *op. cit.,* tome I, p 206, même texte p. 201.

[393] Dans un passage cité par Alexandre MORET, il est écrit en hiéroglyphes que le Dieu Thot est le "fécondateur de Mâït", cette expression est rendue on ne peut plus concrète par l'introduction dans la série de hiéroglyphes du dessin d'un phallus dont coule le sperme. Alexandre MORET, *Le rituel du culte divin journalier en Egypte*, Paris, Ernest Leroux, 1902, p. 139

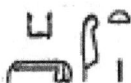

〈hieroglyphs〉 "Ailleurs, Thot est appelé le 'fécondateur Mâït' (Todtenbuch, CXLI, 14).

[394] C'est aussi l'avis d'Irene SHIRUN-GRUMACH, "Remarks on the Goddess MAAT", *op. cit.,* 173-201: *cf.* p. 173.

[395] *Cf.* Claire LALOUETTE, *Textes sacrés et Textes profanes de l'Ancienne Egypte, tome II: Mythes, contes et poésies, op. cit.,* p. 161 et aussi note p. 290.

[396] Sur le symbole de la balance: *cf.* Jean CHEVALIER, Alain GHEERBRANT, *Dictionnaire des symboles,* Paris, Laffont, Collection Bouquins, 1982, p. 98.

[397] Henri FRANKFORT, *Ancient Egyptian Religion, op. cit.,* p. 118-119.

[398] Les textes des confessions sont souvent obscurs pour nos esprits modernes.

[399] *Cf.* Claire LALOUETTE, *Textes sacrés et Textes profanes de l'Ancienne Egypte,* tome I, *op. cit.,* Gallimard/Unesco, note 10: "Puisse-t-il vivre, être en bonne santé et prospérer" (habituellement abrégé en "Vie-Santé-Force") est un souhait placé après chaque nom royal ou chaque élément de la personne ou de l'entourage royal."

[400] Jan ASSMANN, *Maât, l'Egypte pharaonique et l'idée de justice sociale,* Conférences essais et leçons du Collège de France, Paris, Julliard, 1989, p. 13.

[401] Erik HORNUNG, *L'esprit du temps des pharaons,* Hachette, collection Pluriel, 1996, p. 137.

[402] C'est-à-dire le social, le religieux, le cosmique, etc...

[403] Guy RACHET, *Le livre des morts des anciens Égyptiens, op. cit.,* p. 153.

[404] Guy RACHET, *Le livre des morts des anciens Égyptiens, op. cit.,* p. 153.

[405] Alexandre MORET, *Le Nil et la civilisation égyptienne*, Paris, La Renaissance du livre, 1926, p. 84-85. *Cf.* à propos des textes des pyramides: Claire LALOUETTE, *Textes sacrés et Textes profanes de l'Ancienne Egypte*, tome I, *op. cit., p.* 142 qui écrit: "Ces textes, composés pour le roi, témoignent d'une réflexion sur l'origine et le maintien de l'univers, suivant une pensée religieuse déjà très élaborée, dont les sources sont bien lointaines et actuellement insaisissables." *Cf.* Pierre GRIMAL, dans la préface de l'ouvrage de Claire LALOUETTE, *Textes sacrés et Textes profanes de l'Ancienne Egypte, tome II op. cit.,* p. 8: "Tous ces textes, sacrés et profanes, sont d'époques fort diverses, mais la date objective de chacun d'eux importe moins que la durée de la tradition dont ils portent témoignage. Certaines versions sont relativement récentes (d'époque ptolémaïque ou romaine), mais leur contenu peut remonter (et remonte effectivement) à une date très ancienne."

[406] *Cf.* Claire LALOUETTE, *Textes sacrés et Textes profanes de l'Ancienne Egypte*, tome I: *op. cit.*, p. 142; p. 192; p. 266 et Claire LALOUETTE, *Textes sacrés et Textes profanes de l'Ancienne Egypte, tome II op. cit.*, p. 34; p. 36; p. 125; p. 173.

[407] Par exemple pour le texte sur la satire des métiers, *cf.* traduction de Claire LALOUETTE, *Textes sacrés et Textes profanes de l'Ancienne Egypte*, tome I, *op. cit.*, p. 192; et pour les textes des sarcophages traduction du même auteur *op. cit.*, p. 266.

[408] Guy RACHET, *Le livre des morts des anciens Égyptiens*, *op. cit.*, p. 7, p. 41 sur les textes des pyramides.

[409] Henri FRANKFORT, *Ancient Egyptian Religion, an interpretation*, *op. cit.*, p. 117.

[410] Pierre GRIMA, préface à l'ouvrage de Claire LALOUETTE, Textes sacrés et textes profanes, tome II, *op. cit.*, p. 8.

[411] Guy RACHET, *op. cit.*, p. 141.

[412] Selon la traduction de Claire LALOUETTE, *Textes sacrés et Textes profanes de l'Ancienne Egypte*, tome I, *op. cit.*, p. 84.

[413] Guy RACHET, *op. cit.*, p. 174: "Je suis le maître de la lumière." et p. 180.

[414] Guy RACHET, *op. cit.*, p. 162.

[415] *Cf.* "L'homme de l'Oasis", traduction de Claire LALOUETTE, *Textes sacrés et Textes profanes de l'Ancienne Egypte*, tome I, *op. cit.*, p. 203.

208

[416] Sur "righteous", droit, conformité à Maât qui entraîne la joie: Henri FRANKFORT, *Ancient Egyptian Religion, an interpretation, op. cit.,* p. 72; *cf.* Siegfried MORENZ, Egyptian Religion, London, *op. cit.,* et p. 113-116 sur la notion de "droit" comme aspect physique.

[417] Claire LALOUETTE, *Textes sacrés et Textes profanes de l'Ancienne Egypte,* tome II, *op. cit.,* p. 32.

[418] Guy RACHET, *op. cit.,* p. 173-174 et p. 173: "J'ai en horreur le chaos, je ne le regarde pas, je ne me soucie que de Maât, je vis en elle..."

[419] Sur Maat et Isfet, *cf.* Myriam LICHTHEIM, *op. cit.,* p. 18.

[420] Erik HORNUNG, *L'esprit du temps des pharaons, op. cit.,* p. 136.

[421] Jean YOYOTTE, "Le jugement des morts selon l'Egypte ancienne", *op. cit.,* 1961, p. 21.

[422] Jean YOYOTTE, "La pensée préphilosophique en Egypte", *op. cit.,* p. 1-23; p. 11.

[423] Henri FRANKFORT, *Ancient Egyptian Religion, an interpretation op. cit.,* p. 132.

[424] Erik HORNUNG, *L'esprit du temps des pharaons, op. cit.,* p. 99. Comparer avec "La prophétie de Neferty", traduite par Claire LALOUETTE, *Textes sacrés et Textes profanes de l'Ancienne Egypte,* tome I, *op. cit.,* p. 71: "Le disque solaire, voilé, ne brillera plus pour que le peuple puisse voir; on ne pourra pas vivre si les nuages (le) recouvrent; et, privés de lui, tous les hommes seront sourds."

[425] Erik HORNUNG, *L'esprit du temps des pharaons, op. cit.,* p. 139.

[426] Claire LALOUETTE, *Textes sacrés et Textes profanes de l'Ancienne Egypte, tome II, op. cit.,* p. 142.

[427] Guy RACHET, *op. cit.,* p. 145: "Chapitre xv (suite) PLANCHE 20: Salut à l'Osiris Ani, justifié en paix, qu'il dise: hommage à toi qui te lèves sur l'horizon comme Rê, rendu stable par Maât !"

[428] Guy RACHET, *op. cit.,* p. 151.

[429] Guy RACHET, *op. cit.,* p. 149.

[430] Guy RACHET, *op. cit.,* p. 151.

[431] Guy RACHET, *op. cit,* p. 141.

[432] Guy RACHET, *op. cit.*, p. 120: "Chapitre XXIX: "Es-tu venu pour mon coeur, celui par qui je vis ?" et p. 155: "l'Osiris Ani justifié, vivant de coeur..."

[433] "L'art de Vivre du Vizir PTAHHOTEP", traduction de Claire LALOUETTE, *Textes sacrés et Textes profanes de l'Ancienne Egypte*, tome I, *op. cit.*, p. 241 pour un exemple de mauvaise écoute du coeur et son résultat.

[434] *Cf.* "Les deux serpents du rêve de TANOUTAMON et la conquête de l'Egypte", traduction de Claire LALOUETTE, *Textes sacrés et Textes profanes de l'Ancienne Egypte*, tome I, *op. cit.*, p. 42.

[435] L'art de Vivre du Vizir PTAHHOTEP", traduction de Claire LALOUETTE, *Textes sacrés et Textes profanes de l'Ancienne Egypte*, tome I, *op. cit.*, p. 239.

[436] *Cf.* "le Grand-prêtre PETOSIRIS et sa famille (vers 360 av. JC)", traduction de Claire LALOUETTE, *Textes sacrés et Textes profanes de l'Ancienne Egypte*, tome I, *op. cit.*, p 262: "Il est bon le chemin de celui qui obéit à Dieu; c'est un homme béni l'homme qui le suit, son coeur tourné vers lui."; *cf.* sur le coeur comme guide, Myriam LICHTHEIM, *op. cit.*, p. 53.

[437] "L'art de Vivre du Vizir PTAHHOTEP", traduction de Claire LALOUETTE, *Textes sacrés et Textes profanes de l'Ancienne Egypte*, tome I, *op. cit.*, p. 236; et tome 2 du même ouvrage, à propos du coeur du soleil qui est las: p 49.

[438] "L'instruction royaliste de SEHETEPIBRE", dans ce texte le Roi est substitué au soleil traduction de Claire LALOUETTE, *Textes sacrés et Textes profanes de l'Ancienne Egypte*, tome I, *op. cit.*, p. 75.

[439] *Cf.* " Les chants du désespéré, XIIE Dynastie, dialogue entre l'homme et son ba", traduction de Claire LALOUETTE, *Textes sacrés et Textes profanes de l'Ancienne Egypte*, tome I, *op. cit.*, p. 222, sur le coeur du Ba.

[440] Guy RACHET, *op. cit.*, p. 61.

[441] *Cf.* "L'enseignement du roi AMENEMHAT I à son fils SESOSTRIS " traduction de Claire LALOUETTE, *Textes sacrés et Textes profanes de l'Ancienne Egypte*, tome I, *op. cit.*, p. 57 et p. 58.

[442] *Cf.* "Les lamentations d'IPOU-OUR", traduction de Claire LALOUETTE, *Textes sacrés et Textes profanes de l'Ancienne Egypte*, tome I, *op. cit.,* p 215.

[443] *Cf.* l'ouvrage entièrement consacré à ce sujet et reproduisant les écritures hiéroglyphiques des passages cités: Alexandre PIANKOFF, *Le "coeur" dans les textes égyptiens*, Paris, Librairie Paul Geuthner, 1930.

[444] Guy RACHET, *op. cit.,* p. 61.

[445] Guy RACHET, *op. cit.,* p. 118.

[446] Comparer cependant avec une traduction différente qui révèle les incertitudes et difficultés de traduction de la langue égyptienne: traduction de Claire LALOUETTE, *Textes sacrés et Textes profanes de l'Ancienne Egypte*, tome I, *op. cit.,* p. 271: "Il dira: 'O mon coeur qui me vient de ma mère, ô mon coeur qui me vient de ma mère, ô mon coeur attaché à mes transformations'..." l'auteur précise dans sa note n°132, p. 342: "traduction littérale 'qui appartient à ma mère'".

[447] Guy RACHET, op. *cit.,* p. 141: ici il est clair que c'est l'interprétation littérale que n'a pas voulu retenir l'auteur qui est celle qui se révèle la plus exacte dans le contexte égyptien. Comparer avec la traduction d'un autre texte par Myriam LICHTHEIM, *op. cit.,* p. 63: "I worship you, your beauty in my eyes, your rays touching my chest, I raise up Maat to your majesty daily (Urk. VI, 2097-2098). (je te vénère, tes beautés dans mes yeux, tes rayons touchant ma poitrine, j'élève Maât chaque jours vers ta majesté.)

[448] "Le décret d'HOREMHEB 1340 av JC", traduction de Claire LALOUETTE, *Textes sacrés et Textes profanes de l'Ancienne Egypte*, tome I, *Des Pharaons et des Hommes*, op. *cit.,* p. 83.

[449] Nili SHUPAK, "Some idioms connected with the concept of "heart" in Egypt and the Bible", *Pharaonic Egypt, the Bible and Chritianity*, Jerusalem, ed. S. Israelit-Groll, the Magnes Press, The Hebrew University, 1985, 202-212, et p. 203 sur le lien entre l'oreille et le coeur.

[450] Guy RACHET, *op. cit.,* p. 108.

[451] Erik HORNUNG, op. *cit.,* p. 134.

[452] "La prophétie de Neferty", traduction de Claire LALOUETTE, *Textes sacrés et Textes profanes de l'Ancienne Egypte*, tome I, *op. cit.,* p. 71.

[453] Guy RACHET, *op. cit.,* p. 141; 149; *cf.* aussi: "Textes sculptés sur les parois d'une des chapelles de TOUTANKHAMON qui régna vers 1350 av. J,-C " traduction par Claire LALOUETTE, textes sacrés, tome I, *op. cit.,.* p 155 et traduction par le même auteur, même livre p. 179: "Les exploits valeureux du commandant AMENEMHEB (vers 1480- 1440 av. J.-C.)".

[454] Qui ne fait que mettre en oeuvre un principe de passage/non passage d'une énergie (électrique) à travers une matière.

[455] Guy RACHET, *op. cit.,* p. 162-163; *cf.* aussi: "Les enseignements de PTAHOTEP", traduction de Claire LALOUETTE, *Textes sacrés et Textes profanes de l'Ancienne Egypte,* tome I, *op. cit.,* p. 265 où nous apprenons que "La force disparaît car le coeur est las".

[456] Guy RACHET, *op. cit.* p. 161.

[457] Guy RACHET, *op. cit.,* p. 161.

[458] Paroles de l'Osiris-Ani, *cf. Guy RACHET, op. cit.,* p. 61.

[459] "La réception officielle du vizir REKHMIRÊ (vers 1470 av. J.-C.)", traduction de Claire LALOUETTE, *Textes sacrés et Textes profanes de l'Ancienne Egypte,* tome I, *op. cit.,* p. 183.

[460] "La satire des métiers", traduction de Claire LALOUETTE, *Textes sacrés et Textes profanes de l'Ancienne Egypte,* tome I, *op. cit.,* p. 197: "Ne dis pas de mensonges contre ta mère, c'est l'abomination des grands."; *cf.* aussi "L'homme de l'Oasis", appelé aussi "Les neuf palabres du paysan volé", traduction du même auteur, même livre, p. 203: "...que ta langue soit exacte, ne t'égare pas, car l'une des parties de son corps peut être un serpent pour l'homme; ne dis donc pas de mensonges."; et même texte p. 204: "Ne dis pas de mensonges, car tu es un homme important. Ne sois pas léger, car tu es un homme de poids. Non, ne dis pas de mensonges, car tu dois être une balance. Ne sois pas brouillon, car tu dois être la rectitude."; "L'enseignement du scribe Ani", (début du nouvel empire); traduction du même auteur, même livre, p. 255: "Quant à celui qui enfreint (la vérité) en mentant, (comme) c'est Dieu qui dépêche la vérité et la justice, son destin viendra et se saisira de lui."

[461] *Cf.* PIERRET, Etudes égyptologiques, II, p. 94 ss.: "Qui dit vérité dit conformité de l'idée avec son objet, dont le contraire est l'erreur; conformité de ce qu'on dit avec ce qu'on pense, dont le contraire est le mensonge... La conformité se prouve par la comparaison, aussi le mot égyptien a-t-il pour déterminatif et pour

idéogramme l'instrument type de la comparaison et de la mesure, la coudée ou règle ▭ ". Cité par Alexandre MORET, *Le rituel du culte divin journalier en Egypte*, *op. cit.*, p. 149, note n° 1.

[462] Nous la trouvons dans les *Livres des Morts* au sujet du défunt et dans de nombreux textes au sujet des Rois, *cf.* par exemple: Claire LALOUETTE, *Textes sacrés et Textes profanes de l'Ancienne Egypte*, tome I, *op. cit.*, p. 153 et p. 179.

[463] Claire LALOUETTE, Textes sacrés et Textes profanes de l'Ancienne Egypte, *tome* II, *op. cit.*, p. 27; p. 28 à propos du coeur et de son fonctionnement avec les sens; p. 28 à propos du fonctionnement des bras, des jambes et mains en relation avec le coeur.

[464] "L'homme de l'Oasis", traduction de Claire LALOUETTE, *Textes sacrés et Textes profanes de l'Ancienne Egypte*, tome I, *op. cit.*, p. 204, 208,209; *cf.* Myriam LICHTHEIM, *op. cit.*, p. 59 "I abominate rapacity" (J'ai en horreur l'avidité) et p. 61: "I am truly straight, free of greed." (Je suis vraiment droit, exempt d'avidité).

[465] Sur l'idée qu'il n'y a pas de péché mais seulement fonctionnement aberrant qu'il est possible de corriger: *cf.* Henri FRANKFORT, *Ancient Egyptian Religion*, *op. cit.*, p. 73.

[466] Claire LALOUETTE, *Textes sacrés et Textes profanes de l'Ancienne Egypte*, tome I, *op. cit.*, p. 210, ici l'égyptologue a traduit "Maât" par "Justice".

[467] Sur l'expression "manger son coeur" *cf.* papyrus d'Ani, traduit par Guy RACHET, *op. cit.*, p. 193.

[468] "L'homme de l'Oasis", traduction de Claire LALOUETTE, *Textes sacrés et Textes profanes de l'Ancienne Egypte*, tome I, op. *cit.*, p. 204.

[469] "L'homme de l'Oasis", traduction de Claire LALOUETTE, *Textes sacrés et Textes profanes de l'Ancienne Egypte*, tome I, *op. cit.*, p 205.

[470] "L'instruction royaliste de SEHETEPIBRÊ", traduction de Claire LALOUETTE, *Textes sacrés et Textes profanes de l'Ancienne Egypte*, tome I, *op. cit.*, p 75.

[471] Guy RACHET, *op. cit.*, p. 61.

[472] Guy RACHET, *op. cit.*, p. 182.

[473] "Dialogue entre l'homme et son ba", traduction de Claire LALOUETTE, *Textes sacrés et Textes profanes de l'Ancienne Egypte*,

tome I, op. *cit.,* p. 225: "On se tourne vers les étrangers pour (trouver) un coeur droit.."; comp. avec l'opinion de Siegfried MORENZ à propos de la signification du hiéroglyphe Maât: ⌐══⊐, Siegfried MORENZ, *Egyptian Religion*, London, Methuen and Co ltd, 1976, p. 113, qui pense au sens géométrique initial du mot "droit" qui aurait eu ensuite une signification éthique.

[474] Guy RACHET, op. *cit.,* p. 65.

[475] Guy RACHET, op. *cit.,* p. 141.

[476] La conception moderne de la religion implique une croyance à des doctrines non expérimentables par chacun. En Egypte chacun peut à travers ses sens et la qualité de son état psychique et physique vérifier le fonctionnement de la Maât.

[477] Il est fait état dans de nombreux textes du "rajeunissement corporel", de la prospérité de la vie, de la bonne santé permises par l'énergie solaire; ou de la faiblesse du corps relative à une mauvaise écoute, de la destruction de la vie relative à une mauvaise écoute. Sur tous ces points *cf.* traduction de Claire LALOUETTE, *Textes sacrés et Textes profanes de l'Ancienne Egypte*, tome I, op. *cit.,* p. 241; p. 75; p. 248 et p. 205.

[478] *Cf.* "L'enseignement du roi KHETI III à son fils MERIKARÊ", traduction de Claire LALOUETTE, *Textes sacrés et Textes profanes de l'Ancienne Egypte*, tome I, op. *cit.,* p. 52.

[479] Guy RACHET, op. *cit.,* p. 86.

[480] On dit aussi qu'elle est liée à la libre circulation de l'eau du Nil, lors des crues. Mais ces crues ne sont-elles pas elles aussi dues à l'ordre cosmique, notamment c'est l'étoile Sirius qui annonce la crue en Egypte. Sur le phénomène cosmique annonçant la crue du Nil *cf.* Hilary WILSON, *Understanding Hieroglyphs*, London, Brockhampton Press, 1999, p. 174.

[481] Irene SHIRUN-GRUMACH, "Remarks on the Goddess MAAT", op. *cit.,* p. 173 sur la plume, maât et la lumière.

[482] Traduction de Claire LALOUETTE, *Textes sacrés et Textes profanes de l'Ancienne Egypte*, tome I, op. *cit.,* p. 29, et note 10; *cf.* aussi même ouvrage: p. 29, p. 33, p. 67, p. 239, p. 258, et p. 75: "Enseignements à MERIKARE": "...le roi doit être le seigneur de la joie.". *Cf.* aussi Myriam LICHTHEIM, op. *cit.,* p. 27 "Life, prosperity, health !" (Vie, prospérité, santé !).

[483] C'est le soleil.

[484] Claire LALOUETTE, *Textes sacrés et Textes profanes de l'Ancienne Egypte, tome II, op. cit.,* p. 32.

[485] Pour un exemple de l'écoute de Maât: *cf.* Myriam LICHTHEIM, *op. cit.,* p. 35 "I am a hearer who hears the truth, I am exact like the balance, truly straight like Thoth." (Je suis un auditeur qui écoute la vérité, je suis exact comme la balance, vraiment droit comme Thoth.). Sur le fait de remplir les oreilles de Maât: *cf.* Myriam LICHTHEIM, *op. cit.,* p. 50 "who fills the ears of Horus with truth." (qui remplit de Maat les oreilles d'Horus).

[486] Ici le traducteur a noté entre parenthèse (Maât), car cela correspond à la traduction littérale, c'est cette dernière, bien entendu qu'il est beaucoup plus utile de retenir en définitive.

[487] Guy RACHET, *op. cit.,* p. 61.

[488] Claire LALOUETTE, *Textes sacrés et Textes profanes de l'Ancienne Egypte,* tome I, *op. cit.,* p. 37 (stabilité du soleil), p. 67; p. 92, p. 152, p. 155, p. 184.

[489] Michel VILLEY dans la préface à l'ouvrage d' Emmanuel KANT, *Métaphysique des moeurs, Première partie, Doctrine du Droit,* Paris, Vrin, 1993, p. 23 écrit: "... l'objet véritable de l'art juridique, la *"justice distributive"*: (est) non pas d'apporter une sanction à certaines règles de conduite -ce qui ferait du droit le gendarme de la morale - ni le service des libertés de l'individu, condition de sa moralité; mais plus humblement le partage entre les intérêts des plaideurs. *Suum cuique tribuere* ". Javier HERVADA, *Introduction critique au droit naturel,* Bordeaux, EDITIONS BIERE, 1991, p. 43, 51, 86; *cf.* Aristote, *Ethique à Nicomaque,* traduction J. TRICOT, Paris, VRIN, 1983, 5ème édition, p. 224 et 245-246.

[490] Avec ses frontières et par le temps qu'il implique.

[491] Marcel MAUSS, "Essai sur le don", *op. cit.,* p. 157, 159, et surtout p. 161.

[492] Marcel MAUSS, "Essai sur le don", *op. cit.,* p. 160.

[493] Marcel MAUSS, "Essai sur le don", *op. cit.,* p. 165 "Dans toutes les sociétés du nord-est sibérien et chez les Eskimos, de l'ouest alaskan, comme chez ceux de la rive asiatique du détroit de Behring, le potlatch produit un effet non seulement sur les hommes qui rivalisent de générosité, non seulement sur les choses qu'ils s'y transmettent ou y consomment, sur les âmes des morts qui y assistent et y prennent part et dont les hommes portent le nom, mais encore sur

la nature. Les échanges de cadeaux entre les hommes, "name-sakes", homonymes des esprits, incitent les esprits des morts, les dieux, les choses, les animaux, la nature, à être "généreux envers eux". L'échange de cadeaux produit l'abondance de richesses, explique-t-on."

[494] Marcel MAUSS, "Essai sur le don", *op. cit.*, p. 180: "En principe, la circulation de ces signes de richesse est incessante et infaillible. Ni on ne doit les garder trop longtemps, ni il ne faut être lent, ni il ne faut être dur à s'en défaire, ni on ne doit en gratifier personne d'autre que des partenaires déterminés dans un sens déterminé, "sens bracelet", "sens collier"."

[495] Marcel MAUSS, "Essai sur le don", *op. cit.*, p. 176.

[496] Edward BLEIBERG, *The Official Gift in Ancient Egypt*, Oklahoma, University of Oklahoma Press. 1996.

[497] Edward BLEIBERG, *op. cit.* p. 7.

[498] Edward BLEIBERG, *op. cit.*, p. 5.

[499] Edward BLEIBERG, *op. cit.*, p. 27.

[500] Edward BLEIBERG, *op. cit.*, p. 27.

[501] Edward BLEIBERG, *op. cit.*, p. 23.

[502] Marcel MAUSS, "Essai sur le don", *op. cit.*, p. 151.

[503] Sans que jamais les approfondissements économiques aient étaient réalisés.

[504] Sur ce point *cf.* Myriam LICHTHEIM, *op. cit.*, p. 21.

[505] "L'échange est au coeur de la civilisation égyptienne", Entretien avec Jean YOYOTTE, *Eurêka*, Paris, BAYARD PRESSE, septembre 1998, n° 35.

[506] Jean-Claude GOYON, *Maât et Pharaon ou de destin de l'Egypte antique*, Lyon, Editions ACV, 1998, p. 85.

[507] Comp. Marcel MAUSS, "Essai sur le don", *op. cit.*, p. 165, c'était aussi le but des tribus archaïques: le don aux dieux les incite à être généreux et à répandre l'abondance.

[508] Marcel MAUSS, "Essai sur le don", *op. cit.*, p. 246.

[509] Lionel THOUMYRE, *Abuses in the Cyberspace, the Regulation of Illicit Messages Diffused on The Internet*, CRID Namur, Belgium, Thesis, 1996, http://www.juriscom.net.

[510] Je donne afin que tu donnes et les "primitifs" disaient: "si je donne aux dieux, je reçois beaucoup plus".

[511] *Cf.* sur l'histoire de Netscape: Joshua QUITTNER & Michelle SLATALLA, *Speeding the Net*, London, Orion Business Books, 1998 La création du navigateur Netscape a permis d'accélérer le développement de l'Internet en facilitant l'accès des utilisateurs au réseau.

[512] *Comp.* avec le rapport LORENTZ, *op. cit.*, qui va à contre courant de cette dynamique lorsqu'il propose un contrôle des enregistrements sur les référenceurs sous prétexte de protéger les consommateurs, V.5.1: "L'un des principaux problèmes posés par le commerce électronique sur l'Internet, tout spécialement pour les particuliers, est celui de la confiance à accorder à un site. Au-delà de la mise en place de professions régies par un cadre réglementaire et dont nous avons traité précédemment (comme les autorités de certification et les tiers assureurs), il convient d'encourager au recensement des fournisseurs par des structures dites de référencement, inspirant confiance au consommateur."

[513] Sur l'exemple de Netscape *cf.* Serge GUÉRIN, *Internet en questions*, Paris, Economica, 1997, p. 87. Dans le monde traditionnel, le même principe a joué mais avec une ampleur beaucoup moins grande, par exemple pour les journaux de petites annonces distribués gratuitement (mais dont les annonces sont payées par les annonceurs) ou pour les journaux de petites annonces diffusées moyennant payement mais gratuit pour les annonceurs.

[514] Car, dans le monde virtuel, on n'a pas besoin d'être riche matériellement pour donner, et en donnant on ne s'appauvrit pas, bien au contraire.

[515] Qui tend à générer des profits grâce à la pénurie alliée à la grande loi économique de l'offre et de la demande qui est la règle dans le monde par essence limité de la matière.

[516] C'est à dire qu'ils pourraient faire la même chose par d'autres moyens: l'Internet est simplement un moyen supplémentaire qui ne change pas grand chose à leur façon d'agir.

[517] Lionel THOUMYRE, *op. cit.*, http://www.juriscom.net.

[518] Qui au départ était un espace de liberté, régulé par les internautes eux-mêmes à travers la "Netiquette".

[519] *Cf.* Rapport LORENTZ, *op. cit.,* III.2.4. Sur la volonté de lutter contre les contenus illicites dans l'Internet et III.5.12 sur la volonté de protéger les consommateurs. *Cf.* Conseil d'Etat, France, *Internet et les réseaux numériques, étude adoptée par l'Assemblée générale du Conseil d'Etat le 2 juillet 1998*, Paris, La Documentation française, 1998, recommandation n° 1, 2 et 4.

[520] Le risque de perte de revenus fiscaux est une des préoccupations majeures des Etats face à l'Internet. Nous pouvons lire par exemple dans le rapport LORENTZ, *op. cit.,* III.2.: "Les principales difficultés que le développement du commerce électronique devrait créer aux Etats membres de l'Union européenne tiennent aux pertes fiscales que ces modalités d'échange pourraient engendrer, compte tenu de la difficulté pratique pour taxer, dans la Communauté, les prestations rendues par des opérateurs établis dans des pays tiers."

[521] Cette attitude est particulièrement forte en France où les pouvoirs publics désireraient "estampiller" ou "labelliser" les sites. *Cf.* notamment le rapport LORENTZ, *op. cit.,* II.2.4.: "La certification de sites permettrait de sécuriser les transactions commerciales. Ce type de certification apporterait l'assurance qu'un opérateur, identifié et connu, s'engage à respecter les règles de protection des acheteurs et la réglementation fiscale auxquelles ses opérations sont soumises. Cette certification pourrait être signalée par une "estampille", traduisant l'engagement de l'opérateur à respecter les obligations commerciales et fiscales." Mais comme l'affirme, en 1999, le rapport Cordier, du Sénat, *op. cit.*: "La loi française est la plus exigeante, mais seuls 5 % des sites sont français."

[522] *Cf.* dans le même sens: Gordon GRAHAM, *The Internet:// a Philosophical Inquiry*, NY,Routledge, 1999, p. 118.

[523] Paul MATHIAS, dans son ouvrage *La cité Internet*, Paris, Presses de Sciences PO, La bibliothèque du citoyen, octobre 1997, p. 72-73 n'hésite pas à critiquer en ces termes l'intervention publique: "...l'Internet donne lieu, au plus haut niveau de certains Etats, à une authentique hystérie réglementaire, c'est-à-dire à un désir pressant et pourtant par nature inassouvissable de prise en main des réseaux dans leur ensemble."

[524] *Cf.* Ira MAGAZINER, *Framework for Global Electronic Commerce*, 1er Juillet 1997, http://www.ecommerce.gov/: "... governments must adopt a non-regulatory, market-oriented approach to electronic commerce, one that facilitates the emergence of a transparent and predictable legal environment to support global

business and commerce. Official decision makers must respect the unique nature of the medium and recognize that widespread competition and increased consumer choice should be the defining features of the new digital marketplace". (Dans le domaine du commerce électronique, les gouvernements doivent adopter une politique de non-interventionnisme et d'orientation vers le marché. Une politique propre à faciliter l'émergence d'un environnement légal transparent et prévisible de manière à favoriser le commerce et les affaires. Les décideurs officiels doivent respecter la nature unique de ce médium et reconnaître qu'une concurrence ouverte et un plus grand choix pour les consommateurs devraient être les caractéristiques de ce nouveau marché numérique.) (Pour une analyse de ces positions par la France *cf.*Francis LORENTZ, *La nouvelle donne du commerce électronique: réalisations 1998 et perspectives: rapport de la mission Commerce électronique*, France, Ministère de l'économie, des finances et de l'industrie, Paris, Editions de Bercy, Etudes ISSN 1245-2246, 1999, II.1. "Une initiative américaine: supprimer les barrières au commerce électronique."
http://www.telecom.gouv.fr/francais/activ/techno/techndoc/technodoc.
htm

[525] Reno v. ACLU, 26 juin 1997, n° 96-511, Rapport de l'audience: http://www.aclu.org/issues/cyber/trial/sctran.html
Texte du *Communications Decency act*:http://www.epic.org/cda/cda;
Texte de la décision, commentaires et liste de documents accessibles: http://www.epic.org/cda.

[526] Site de l'EPIC: http://www.epic.org.

[527] "Affirmative defences are provided for those who take "good faith,... effective... actions" to restrict access by minors to the prohibited communications, and those who restrict such access by requiring certain designated forms of age proof, such as verified credit card or an adult identification number." (Constituent des moyens de défense recevables le fait de prendre de bonne foi des mesures effectives pour empêcher les mineurs d'accéder à des communications qui leur sont interdites, ou d'empêcher un tel accès en requérant la preuve de l'âge par des moyens appropriés, tels que par carte de crédit ou par le biais d'un numéro d'indentifiant d'adulte.)

[528] Dans le domaine plus général de la mondialisation des droits de propriété intellectuelle, un auteur constatant la difficulté pour les Etats d'exercer leur souveraineté écrit: "Comment expliquer que des Etats prétendent exercer internationalement ce dont ils sont largement dessaisis nationalement, alors surtout que l'ouverture mondiale paraît

le meilleur gage des prospérités 'locales'?", Joe VERHOEVEN, "Souveraineté et mondialisation: libres propos", in *La mondialisation du droit*, Sous la direction de Eric LOQUIN et Catherine KESSEDJIAN, Travaux du Centre de Recherche sur le droit des marchés et des investissements internationaux, Volume 19, Paris, LITEC, 2000, p. 43-57, p. 51.

[529] Ce qui n'est pas le cas dans un autre pays, la France, qui par son attitude irresponsable met en danger l'équilibre des relations internationales. En effet, la France souhaite lutter activement contre les contenus illicites disponibles sur le réseau. Selon le Conseil d'Etat, *op. cit.*, 1998, p. 129, la loi pénale française s'applique "clairement dans le cas d'un message litigieux disponible sur le réseau Internet, quelle que soit sa source dans le monde, et accessible de France dès lors que sa réception par l'utilisateur sur le territoire français est bien un élément constitutif de l'infraction en application de l'article 113-2 du Code pénal. Un tel mécanisme aboutit en réalité à dissocier le lieu de la réalisation matérielle de l'infraction de celui où elle produit ses effets, et donne au juge national une compétence très large." Nous n'osons même pas imaginer l'insécurité juridique mondiale et les réels conflits internationaux qui pourraient découler de l'imitation de l'attitude française par tous les gouvernements de la planète. Cela n'empêche pas les juges français de continuer à "lutter contre les contenus illicites", Yahoo USA a comparu devant le Tribunal de Grande Instance de Paris le 15 mai 2000, celui-ci lui a demandé de rendre inaccessible aux français certaines informations jugées délictuelles en France, mais pas aux Etats-Unis, *cf. Le Figaro*, mardi 25 juillet 2000, p. 5.
Dans un domaine très différent, à propos de l'affaire PINOCHET, un auteur note le danger actuel qui réside dans la propension actuelle des Etats à vouloir exercer dans d'autres territoires leur pouvoir répressif, Joe VERHOEVEN, "Souveraineté et mondialisation: libres propos", *La mondialisation du droit,* Sous la direction de Eric LOQUIN et Catherine KESSEDJIAN, Travaux du Centre de Recherche sur le droit des marchés et des investissements internationaux, Volume 19, LITEC, 2000, op. *cit.* p. 54.

[530] Même la création d'un système répressif mondial, préconisée par un auteur, ne saurait régler ce problème: Joe VERHOEVEN, "Souveraineté et mondialisation: libres propos", *op. cit.* p. 43-57, p. 55: "Quoi qu'il en soit, il n'en est pas moins clair qu'il faut aussi penser un nouvel ordre répressif "mondial", fût-il tout à fait étranger à des besoins économiques."

[531] CourtTV:
http://www.courttv.com/old/library/cyberlaw/ny_decency.html

[532] Qui entraînent à leur tour la prospérité.

[533] D'autres moyens ont été proposés mais non retenus, car non réalisables: tel le contrôle de l'état d'adulte des personnes qui accèdent à des sites commerciaux dont on voudrait interdire l'accès aux mineurs ou encore tel le contrôle via le payement par carte de crédit. Ces moyens n'ont pas été retenus en raison de leur lourdeur et/ou de leur possibilité d'application à des sites uniquement commerciaux. Par ailleurs, comme le soulignent les défendeurs, les internautes visitent rarement par hasard un site, s'ils se rendent sur un site c'est qu'ils l'ont décidé. L'internaute consommateur d'informations, loin d'être passivement submergé d'informations et de contenus qu'il n'a pas choisis, fait l'effort d'aller chercher ces informations à travers le réseau.

[534] Cependant, comme le soulignent les plaideurs, les internautes, contrairement à ce qui se passe dans le monde traditionnel, ne sont pas submergés par des informations qu'ils n'ont pas désirées, car c'est parce qu'ils le veulent qu'ils accèdent à un site.

[536] Ceci serait vrai aussi dans le monde traditionnel mais avec l'Internet, c'est démultiplié

[537] Ceci a aussi eu lieu pour le Minitel: une campagne de moralisation contre les "messageries roses" avait fait considérablement chuter la consommation télématique et France Télécom avait dû mener une campagne publicitaire pour relancer la consommation du Minitel, suite à cette baisse spectaculaire. Un auteur constate de plus que tout ce qui est interdit attire: Gordon GRAHAM, *The internet:/ a philosophical inquiry*,NY, Routledge, 1999, p. 124.

[538] Par ailleurs, nous pouvons citer l'exemple de l'Etat Français qui affiche une grande volonté "d'assainir" le réseau Internet, mais dont l'entreprise autrefois entièrement publique, France Télécom laisse, par ailleurs, vivre sur le réseau Minitel, les "sites roses" alors qu'elle a les moyens de les interdire puisqu'elle contrôle tout le réseau Minitel.

[539] Sauf à interdire totalement à ses nationaux tout accès à l'Internet.

[540] C'est ce que constate à plusieurs reprises tout au long de son rapport le Conseil d'Etat français, Conseil d'Etat, France, *op. cit., 2 juillet 1998*, Paris, La Documentation française, 1998, *passim*.

[541] Ce risque de déviation a été bien perçu par le Conseil d'Etat français, Conseil d'Etat, France, *op. cit.*, p. 76 et p. 78.

[542] Le Minitel était prêté aux utilisateurs.

[543] Sur les caractéristiques techniques du Minitel, *cf.* Jean-Yves RINCE, Le Minitel, Paris, PUF, Que Sais-je ?, n° 2539, 1990, p. 13; sur la télématique, *cf.* Thierry BRETON, *Les téléservices en France*, Paris, la Documentation française, 1994; pour une analyse économique de l'expérience du Minitel *cf.* OCDE, *L'expérience française du Minitel: Leçons pour le commerce électronique*, DSTI/ICCP/ie (97) 10/FINAL, http://www.ocde.org, pour une évolution du Minitel vers l'Internet: *cf.* rapport LORENTZ, *op. cit.*, VI.

[544] Entreprise, autrefois entièrement publique, de télécommunication chargée de la mise en oeuvre du réseau télématique et de la gestion des services auxquels le Minitel donne accès.

[545] *Cf.* rapport de l'OCDE, précité p. 19.

[546] Une des leçons que tire l'OCDE, en 1997 de l'expérience du Minitel, est l'importance de l'intervention publique pour faciliter l'accès aux moyens de communication, rapport OCDE, précité p. 32, sur le succès initial du Minitel *cf.* Michel ABADIE, *Minitel Story*, Paris, Publi S.A., 1988.

[547] Rapport OCDE, op. cit., p. 32

[548] Sans commune mesure avec la richesse créée par l'utilisation abusive du Minitel.

[549] Qualifié de "terminal préhistorique" p. 11 et de "matériel 'primitif'", p. 123, par Guy LACROIX, *Le mirage Internet, enjeux économiques et sociaux*, Paris, VIGOT, Collection Essentiel, 1997, qui critique en ces termes l'expérience du marché créé par le Minitel: "Même s'il est resté modeste et s'il s'est établi avec un matériel 'primitif', il nous donne un aperçu des dérapages possibles des services publics, ainsi qu'à une infime échelle, des dysfonctionnements qui guettent l'instauration d'une "société de l'information".

[550] Malgré ces faits, France Télécom a créé des passerelles Internet/Minitel qui permettent à toute personne dans le monde entier de se connecter au Minitel français, et d'y payer les informations à la durée et aux tarifs en vigueur, après avoir ouvert un compte auprès de France Télécom.

[551] Les économistes de l'OCDE ont estimé dans leur rapport précité, réalisé en 1997, p. 23, qu'il y avait: "Un rapport coûts/bénéfices trop élevé" et ils écrivent: "Le résultat de cette logique est que, globalement, la valeur ajoutée des services offerts n'est pas forcément en adéquation avec le coût facturé. Deux raisons sont évoquées: l'insuffisance de leur valeur ajoutée et une tarification au-dessus de leur valeur réelle."

[552] Les Français n'avaient pas encore accès à l'Internet.

[553] Toujours en vigueur malgré l'utilisation de plus en plus répandue de l'Internet en France.

[554] Sur les paliers de tarification: ils ont évolué dans le temps et si certaines prestations sont devenues plus accessibles, il existe toujours des informations relativement chères eu égard à leur absence de valeur ajoutée. Pour des détails sur les tarifs actuels *cf.* http://www.francetélécom.fr.

[555] Selon Guy LACROIX, *Le mirage Internet, enjeux économiques et sociaux, op. cit.,* p. 124, initialement France Télécom prélevait la moitié du prix facturé à l'utilisateur, puis ce pourcentage, selon le même auteur va en 1997 de 30 à 50 % du coût facturé à l'utilisateur.

[556] Rapport OCDE, *op. cit.,* p. 23.

[557] Rapport précité, p. 23.

[558] Dont notamment l'enrichissement des fournisseurs de "messageries roses". Il est généralement admis que Minitel a pu prospérer grâce à la part importante du marché généré par les "messageries roses" et qui semblent poser beaucoup moins de problèmes à France Télécom qu'aux pouvoirs publics américains. De plus, contrairement à ce qui a lieu sur l'Internet, l'Etat Français, ayant le contrôle total du réseau, était tout à fait en mesure d'assainir efficacement le réseau, sans empêcher la circulation des autres informations. Grâce à la politique d'ouverture du Minitel au réseau Internet, les "messageries roses" françaises sont désormais accessibles du monde entier par l'Internet, via la passerelle Internet/Minitel. Ce qui est tout à fait remarquable de la part de l'entreprise autrefois entièrement publique d'un des Etats qui affiche une volonté très forte d'assainir l'Internet.

[559] Il suffisait alors de payer à France Télécom la communication locale.

[560] Guy LACROIX, *Le mirage Internet, enjeux économiques et sociaux*, VIGOT, Paris, Collection Essentiel, 1997, p. 124.

[561] A 2,23 F la minute. L'utilisateur paye en outre le même tarif rien que pour s'entendre dire que les lignes sont saturées et qu'il lui faut rappeler ultérieurement ou profiter de son appel pour consulter par ce moyen et au même tarif les informations commerciales de la SNCF.

[562] Ceci malgré sa position de monopole.

[563] Actuellement c'est ce qui a lieu avec l'Internet dont la SNCF. est en train de tirer un excellent parti. La présidente de sncf.com ayant déclaré: "Nous espérons ainsi multiplier par six le CA de Grandes lignes sur le marché du Web d'ici à 2002". source: revue *France TGV*, Paris, septembre 2000, n° 27, p. 16.

[564] Au sens large, c'est-à-dire aussi bien des personnes, que des marchandises.

BIBLIOGRAPHIE

Il s'agit d'une brève bibliographie. Toutes les références citées se trouvent dans les notes. Nous ne reprenons ici que les ouvrages de philosophie, de réflexion sur l'Internet et d'histoire.

OUVRAGES DE REFLEXION SUR L'INTERNET ET SUR LA SOCIETE DE L'INFORMATION

BALLE Francis, *Médias et Sociétés, de Gutenberg è Internet*, Paris, Montchrestien, 8ème édition, 1997

BROWN Geoffrey, *The Information Game, Ethica Issues in a Microchip, World*, NJ and London, Humanities Press International,1990

CACOMO, Jean-Louis, *Les défis économiques de l'information*, Paris, L'harmattan, 1996

CARNOI Martin, CASTELLS Manuel, COHEN Stephen S., CARDOSO Fernando Henrique, *The New Global Economy in the Information Age*, The Pensylvania State University Press, The MACMILLAN PRESS LTD 1993

DAVIDSON James Dale et REES-MOGG William, *The Sovereign Individual, The Coming Economic Revolution*, London, MACMILLAN, 1997

FREEMAN J. DYSON, *The Sun, the Genome, the Internet, Tools of Scientific Revolutions*, NY, Oxford University Press, 1999

GATES Bill, *Business @ the Speed of Thought*, London, Penguin Books, 1999

GRAHAM Gordon, *The Internet : // A Philosophica Inquiry*, NY, Routledge, 1999

GUÉRIN Serge, *Internet en questions*, Paris, Economica, 1997

LACROIX Guy, *Le mirage Internet, enjeux économiques et sociaux* ; Paris, VIGOT, Collection Essentiel, 1997

LESSIG Lawrence, *Code and Other Laws o Cyberspace*, NY, Basic Books, 1999

LEVY Pierre, *World Philosophie*, Paris, Odile JACOB, COLLECTION "CHAMPS MÉDIOLOGIQUE", 2000.

MATTELART Armand, *La mondialisation de la communication*, Paris PUF, Que sais-je ?, 1996,

O'DONNELL James J., *Avatars of the Word, From Papyrus to Cyberspace*, Cambridge, Mass.,Harvard University Press, 1998

QUITTNER Joshua et SLATALLA Michelle, *Speeding the Net*, London, Orion Business Books, 1998

STEFIK Mark, *The Internet Edge, Social, Legal and Technological Challenges for a Networked World*, MIT, 1999

WHINSTON Andrew B., STAHL Dale O., CHOI Soon-Yong, *The Economics of Electronic Commerce*, Indianapolis, Indiana, Macmillan Technical Publishing, 1997

WOLTON Dominique, *Internet et après ? Une théorie critique des nouveaux médias*, Paris Flammarion, 1999

OUVRAGES DE PHILOSOPHIE
ET PHILOSOPHIE DU DROIT

ARISTOTE, *Ethique à Nicomaque*, traduction J. TRICOT, Paris, VRIN, 1983, 5ème édition

BOISTEL, *Cours de philosophie du droit*, Paris, 2 volumes, 1899

HERVADA Javier, *Introduction critique au droit naturel*, Bordeaux, EDITIONS BIERE, 1991

JASPERS Karl, *Origine et sens de l'histoire*, traduit de l'Allemand par Hélène NAEF, avec la collaboration de Wolfgang ACHTERBERG, Paris, Plon, 1954

KANT Emmanuel, *Métaphysique des moeurs, Première partie, Doctrine du Droit*, Paris, Vrin, 1993

KELSEN Hans, *Théorie Pure du Droit, Introduction à la Science du Droit*, Neuchatel, Editions de la Baconnière, Juin 1953 traduit de l'allemand par Henri Thévenaz, titre allemand *Reine Rechtslehre*

KIERKEGAARD Sören, *Traité du désespoir*, Traduit du danois par Knud FERLOV et Jean-Jacques GATEAU, Paris, Gallimard, Folio Essais, 1949

MELKEVIK Bjarne, *Horizons de la philosophie du droit*, L'Harmattan, Paris, Montréal, PUL, 1998

RAWLS John, *Théorie de la justice*, Paris, Seuil, Point Essais, traduit de l'anglais par Catherine AUDARD, p. 33.

ROUSSEAU Jean-Jacques, *Discours sur les Sciences et les Arts, Discours sur l'Origine de l'Inégalité*, Paris, GARNIER-PLAMMARION, 1971

TRIGEAUD Jean-Marc, *Persona ou la justice au double visage*, Genova, Studio Editoriale di Cultura, 1997

TZITZIS Stamatios, *Esthétique de la Violence*, Paris, PUF, 1997

TZITZIS Stamatios, *Qu'est-ce que la personne* ? Paris, Armand Colin, 1999

ANCIEN DROIT ROMAIN

BREAL Michel et BAILLY Anatole, *Dictionnaire étymologique latin*, Paris, Hachette, 1898

CATALANO Pierangelo, *Diritto e Personne, Studi su origine e attualità del sistema romano*, Torino, G. GIAPAICHELLI EDITORE, 1990

GAUDEMET Jean, *Droit privé romain*, Paris, Montchrestien, 2000.

GRIMAL Pierre, *La civilisation romaine*, Paris, Champs, Flammarion, 1997

GUARINO Antonio, *Storia del diritto romano*, Napoli, Jovene, 1998.

HUVELIN Paul, *Les tablettes magiques et le droit romain*, Macon, Protat Frères, 1901

JHERING von R., *L'esprit du droit romain dans les diverses phases de son développement,* Traduction par O. de MEULENAERE, Paris, Librairie A. Marescq, MDCCCLXXXVI.

LEVY-BRUHL Henri, *Droit romain*, Paris, Cours de droit, 1955/56.

LEVY-BRUHL Henri, *Le très ancien procès romain,* Rome, 1952.

LEVY-BRUHL Henri, *Nouvelles Etudes sur le Très Ancien Droit romain*, Paris, Recueil SIREY, 1947.

LEVY-BRUHL Henri, *Recherches sur les actions de la loi*, Paris, Recueil Sirey, 1960.

PARICIO Javier, FERNANDEZ BARREIRO A., *Historia del derecho romano y su reception europea*, Madrid, Editorial centro de estudios Ramon Areces, 1995.

POTTER T. W., *Roman Britain*, London, Bristish Museum Press, 1997

REVILLOUT Eugène, *Les origines égyptiennes du droit civil romain*, Paris, Librairie Paul Geuthner, 1912

VILLEY (M) : "Le jus in re du droit romain classique au droit moderne", in Publications de l'Institut de droit romain de l'Université de Paris, 1947, p. 193

VILLEY Michel, "Historique de la nature des choses", Paris, Archives de Philosophie du droit, tome X, 1965, p. 267-283.

VILLEY Michel, "Métamorphoses de l'obligation", *Archives de Philosophie du droit,* Communication au congrès de l'Institut International de Philosophie politique sur "l'obligation politique" 4 juillet 1969

VILLEY Michel, *Le Droit Romain*, PUF, Que sais-je ?, 7e édition, 1979

VILLEY Michel, *Suum jus cuique tribuens*, Milano, Giuffré, 1954

EGYPTOLOGIE ET HISTOIRE DES RELIGIONS

AMÉLINEAU Emile, *La morale égyptienne quinze siècles avant notre ère, Etude sur le papyrus de Boulaq n° 4*, Paris, Editions Ernest Leroux, 1892

ASSMANN Jan, *Maât, l'Egypte pharaonique et l'idée de justice sociale*, Conférences essais et leçons du Collège de France, Paris, Julliard, 1989

BICKEL S., *La cosmogonie égyptienne avant le Nouvel Empire*, Fribourg, 1999

BLEEKER Claas Jouco, *De Beteekenis van de Egyptische Godin Ma-a-t*, Leiden, 1929

BLEEKER Claas Jouco, *Egyptians Festivals, Enactments of Religious Renewall*, Leiden, Netherlands, E.J. Brill, 1967

BLEIBERG Edward, *The Official Gift in Ancient Egypt*, Oklahoma, University of Oklahoma Press. 1996

CHAMPOLLION, *L'Egypte de Jean-François CHAMPOLLION*, ouvrage collectif, Paris, Mengès, 1998.

DERCHAIN Philippe, *Le papyrus Salt 825 (BM 10051) rituel pour la conservation de la vie en Egypte*, Bruxelles, Académie royale de Belgique, Mémoire n° 1784, Classe des lettres, tome LVIII, fasc. I a, 1965.

DRIOTON Etienne, "Le jugement des âmes dans l'Egypte ancienne", Revue du Caire, 1949, p. 1-20.

FAULKNER R.O., *The Ancient Egyptian Book of the Dead*, London, British Museum, 1996

FRANKFORT H, FRANKFORT A, WILSON, JACOBSEN AND IRWIN, *The Intellectual Adventure of Ancient Man*, Chicago, University of Chicago Press.,1946

FRANKFORT Henri, *Ancient Egyptian Religion, An Interpretation*, New York, Columbia University Press, 1948

FRANKFORT Henri, *Kingship and the Gods*, Chicago, 1948

GOFF Beatrice L., *Symbols of Ancient Egypt in the Late Period, the Twenty-first Dynasty*, Yale University, Mouton publishers, 1979

GOYON Jean-Claude, *Maât et Pharaon ou de destin de l'Egypte antique*, Lyon, Editions ACV, 1998

GRIMAL Pierre, préface de la traduction de Claire LALOUETTE, *Textes sacrés et Textes profanes de l'Ancienne Egypte*,Tome I, *Des Pharaons et des Hommes*, 1984, Gallimard/Unesco, p. 8 et p. 16

HERODOTE, *L'Enquête*, Livres I à IV, édition d'Andrée BARQUET, Paris, Gallimard, Folio classique, 1964

HORNUNG Erik, *L'esprit du temps des pharaons*, Paris, Hachette, collection Pluriel, 1996

IVERSEN Erik, *The Myth of Egypt and its Hieroglyphs in European Tradition*, Copenhagen, GEC Gad, 1961

LALOUETTE Claire, *Textes sacrés et Textes profanes de l'Ancienne Egypte*, Tome I : Des Pharaons et des Hommes, Paris, Gallimard/Unesco, 1984

LALOUETTE Claire, *Textes sacrés et Textes profanes de l'Ancienne Egypte, Tome II : Mythes, contes et poésies*, Paris, Gallimard/Unesco, 1987

LICHTHEIM Myriam, *Maat in Egyptian Autobiographies and Related Studies*, Fribourg, Universitätsverlag Freiburg Schweiz, Vandenthoeck and Ruprecht Göttingen, 1992

MENU Bernadette, "Le tombeau de Pétosiris (2) Maât, Thot et le droit", Paris, BIFAO (Bulletin de l'Institut Français d'Archéologie Orientale), t. 95 (1995), p. 281-295.

MORENZ Siegfried, *Egyptian Religion*, London, Methuen and Co litd, 1976

MORET Alexandre, "La doctrine de Maât", Revue d'Egyptologie, T 4, Imprimerie de l'Institut français d'Archéologie Orientale, Le Caire, 1940, p. 1-14.

MORET Alexandre, "Le jugement des morts, en Egypte et hors d'Egypte", Paris, Annales du Musée GUIMET, tome XXXII, p. 255-287

MORET Alexandre, *Le Nil et la civilisation égyptienne*, Paris, La Renaissance du livre, 1926.

MORET Alexandre, *Rituel du culte divin journalier en Egypte*, Paris, Ernest Leroux, 1902

PIANKOFF Alexandre, *la création du disque solaire*, IFAO, bibli. 2t. 19..

PIANKOFF Alexandre, *Le "coeur" dans les textes égyptiens*, Paris, Librairie Paul Geuthner, 1930

RACHET Guy, *Le livre des morts des anciens Égyptiens*, Paris, Editions du Rocher, 1996

SARRAF Joseph, *La notion du droit d'après les Anciens Egyptiens*, Rome, Città del Vaticano, Libreria editrice vaticana,1984, Collana storia e attualità, No 10

SHAW Ian and NICHOLSON Paul, *Dictionary Oi Ancient Egypt*, London, British Museum Press, 1995

SHIRUN-GRUMACH Irene, "Remarks on the Goddess MAAT", *Pharaonic Egypt, The Bible Ana Christianity*, Jerusalem, ed. S. Israelit-Groll, the Magnes Press, The Hebrew University, 1985, 173-201

SHUPAK Nili, "Some idioms connected with the concept of 'heart' in Egypt and the Bible", *Pharaonic Egypt, The Bible And Christianity*, Jerusalem, ed. S. Israelit-Groll, the Magnes Press, The Hebrew University, 1985, 202-212.

TEETER Emily, *The Presentation Of Maat, Ritual Ana Legitimacy In Ancient Egypt,* Chicago, The University of Chicago, 1997.

WILSON Hilary, *Understanding Hieroglyphs*, London, Brockhampton Press, 1999

YOYOTTE Jean, "La pensée préphilosophique en Egypte", extr. Encyclopédie de la Pléiade, histoire de la philosophie, I, Paris 19.., p1-23.

YOYOTTE Jean, "Le jugement des morts selon l'Egypte ancienne", Paris, Sources Orientales, IV, 1961, p. 17-71.

TABLE DES MATIERES

235

www.ingramcontent.com/pod-product-compliance
Lightning Source LLC
Chambersburg PA
CBHW030716250326

R18027900001B/R180279PG41599CBX00006B/5

* 9 7 8 2 3 6 6 7 0 0 2 0 6 *